Schandalig mo

Van Francis van Broekhuizen is verschenen:

Bij twijfel hard zingen

FRANCIS VAN BROEKHUIZEN

SCHANDALIG MOOIE OPERA

LUITINGH-SIJTHOFF

Uitgave van uitgeverij Luitingh-Sijthoff bv, Amsterdam

Illustraties Francis van Broekhuizen, Tim van Broekhuizen,
Warner Bros
Omslagontwerp Pankra
Omslagbeeld Merlijn Doomernik
Opmaak binnenwerk Crius Group, Hulshout

ISBN 978 90 210 5219 9
ISBN 978 90 210 5221 2 (e-book)
ISBN 978 90 210 5222 9 (luisterboek)
NUR 320

www.francisvanbroekhuizen.nl
www.lsuitgeverij.nl
www.boekenwereld.com

Uitgeverij Luitingh-Sijthoff vindt het belangrijk om op milieuvriendelijke en verantwoorde wijze met natuurlijke bronnen om te gaan. Bij de productie van dit boek is daarom gebruikgemaakt van papier waarvan het zeker is dat dit niet tot bosvernietiging heeft geleid.

Voor Paul, Femke en Gregor.
Zonder hun geweldige begeleiding aan de vleugel en
muzikale inspiratie was ik niet waar ik nu was.

Inhoud

Voorwoord

Ongeveer een paar jaar geleden ben ik een bekende Nederlander geworden, en eindelijk ben ik eraan gewend geraakt.

De meeste mensen kennen me van de televisie. Van programma's als *De slimste mens* of *De verraders*. Maar mijn echte beroep is operazangeres, en dat zal altijd mijn grootste passie zijn.

Tijdens concerten en lezingen die ik geef door heel het land krijg ik altijd allerlei vragen van mensen. De meesten weten natuurlijk wel dat ik zangeres ben en dat ik mooi kan zingen, maar wat opera precies inhoudt, is vaak toch onbekend.

Over het algemeen vinden mensen korte operastukjes ook best mooi, doordat ze die in films of op de tv hebben gehoord. Maar een hele opera wordt vaak als zware kost ervaren. Hierdoor leeft de gedachte dat opera niet iets voor gewone mensen is; dat het te moeilijke muziek is waar je verstand van moet hebben, wil je ervan kunnen genieten; dat het verhaal moeilijk te volgen is doordat de tekst in andere talen gezongen wordt; dat de zangers diva's of divo's zijn met vreselijk moeilijke karakters; dat opera een gekke wereld is met ellebogenwerk en jaloezie en grensoverschrijdend gedrag; en dat operazangers altijd dik moeten zijn. Er leven dus allerlei juiste aannames maar ook gekke vooroordelen over dit muziekgenre.

In Nederland zijn mooie naslagwerken over opera geschreven, en natuurlijk hebben we biografieën over de verschillende componisten. Wat me opvalt is dat deze boeken over het algemeen heel theoretisch zijn. Ze zijn vrij geschiedkundig en academisch geschreven. Daar is niks op tegen, maar het voelt toch meteen of ik weer op het conservatorium zit als ik erin lees. Voor de mensen die nog niks van opera weten, zijn deze boeken ingewikkeld, ontoegankelijk en saai. In de Verenigde Staten en Groot-Brittannië doen ze het heel anders. Daar wordt ook veel over opera geschreven, maar met veel meer humor en anekdotes.

Zo heb ik bijvoorbeeld een boek getiteld: *Opera, What's All the Screaming About?* Vrij vertaald: *Opera, waar gaat al dat gegil eigenlijk over?* Die titel vind ik zelf al om te gillen van het lachen.

Het bracht me op het idee om eenzelfde soort boek te schrijven voor het Nederlandse publiek. Geschiedenis van de opera op een luchtige, humoristische manier. En dan niet alleen voor operakenners. Juist niet alleen. Iedereen moet het kunnen lezen. Een toegankelijk, vrolijk naslagwerk over de wereld van de opera.

Ik heb het boek ingedeeld alsof het een opera is, met een ouverture, vier aktes en een intermezzo. De aktes vertegenwoordigen elk een overkoepelend onderwerp. Ik schrijf puur vanuit mijn vakkennis en eigen smaak. Neem me niet kwalijk als ik niet alles uitgebreid behandel of sommige dingen misschien wel ben vergeten. De verhalen komen voort uit mijn eigen ervaringen in de operawereld en mijn wilde en soms gekke associaties met de muziek. Dus het kan lijken alsof ik van de hak op de tak spring. Maar zo mag je het boek ook lezen. Je kunt grasduinen en naar de onderwerpen gaan die je aanspreken.

Misschien herken je ook nog elementen uit mijn vorige boek *Bij twijfel hard zingen*. Ik tap natuurlijk steeds uit hetzelfde vaatje, namelijk mezelf.

In ieder geval hoop ik een eind te maken aan vooroordelen over opera die niet kloppen. Ik wil overbrengen dat opera niet alleen voor de elite is, maar voor iedereen: jong en oud, rijk en arm, bekend en onbekend met klassieke muziek. Voor iedereen is iets te vinden in deze kunstvorm, want ik heb in de afgelopen dertig jaar mogen ervaren dat opera me van alles heeft gebracht:

schoonheid, ontroering, ergernis, liefde, haat, jaloezie en intense vreugde. Kort gezegd: een rijk leven. En dat wens ik iedereen toe.

Veel plezier met het lezen van dit boek.

Ouverture

Instrumentale opening van de opera. Hier wordt nog niet gezongen (ook al zijn er paar uitzonderingen, zoals bijvoorbeeld de *Cavalleria Rusticana*).

Vaak horen we de melodieën vanuit de opera als een medley voorbijkomen. In oude opera's werden er in die eerste maten vaak trompetten en bazuinen gebruikt als ode aan de vorst die opdracht had gegeven om de opera te schrijven. Mozart zette vaak groot slagwerk in om aan het publiek te laten horen dat het stuk begonnen was.

Tien mooiste opera-ouvertures om een keer los te beluisteren:

Ouverture *La Forza del Destino* van Guiseppe Verdi
Prelude *La Traviata* van Guiseppe Verdi
Ouverture *Le nozze di Figaro* van Wolfgang Amadeus Mozart
Ouverture *Don Giovanni* van Wolfgang Amadeus Mozart
Ouverture *Tannhäuser* van Richard Wagner
Prelude *Tristan en Isolde* van Richard Wagner
Ouverture *Il barbiere di Siviglia* van Gioacchino Rossini
Ouverture *Carmen* van Georges Bizet
Proloog *Cavalleria Rusticana* van Pietro Mascagni
Toccata *Orfeo* van Claudio Monteverdi

Wat is nou eigenlijk opera?

Opera is een toneelstuk. Er is een decor, er zijn kostuums. Er is mooi licht. Er is een regisseur. Er is een dirigent, want het stuk moet begeleid worden door instrumentale muziek variërend van een piano tot kamerorkest tot een groot symfonieorkest. Dan is er vaak een koor bij en zo nu en dan een ballet. Je hebt acteurs en actrices die hoofd- en bijrollen vertolken; en zij praten niet, maar zingen alles aan elkaar. En dat is eigenlijk alles!

Alles?

Nee, natuurlijk niet…

Mijn eerste keer...

Ik moet ongeveer twaalf jaar zijn geweest toen ik voor het eerst naar een opera-uitvoering ging. Het was bij de Nationale Opera in Amsterdam. Het gebouw aan het Waterlooplein was nog maar een paar jaar oud en werd in de volksmond de 'Stopera' genoemd. Ik ging samen met mijn ouders en mijn twee broers en de toenmalige pastoor van onze katholieke kerk. Deze pastoor was een heel flamboyante man die een late roeping had gehad en pas op middelbare leeftijd priester was geworden. Van huis uit was hij ook kunsthistoricus; hij had jarenlang in de kunst-en-cultuursector gewerkt. Hij hield enorm van opera en wilde ons graag een keer meenemen naar Amsterdam. Daar waren volgens hem de beste producties.

Hij zou ons meenemen naar een nieuwe uitvoering van een grootse opera: *de Boris Godunov* van Modest Mussorgsky. Dit is een opera uit Rusland. Hij gaat over een tsaar die zijn voorganger, de jonge tsarewitsj Dimitri, heeft vermoord om zo de troon te kunnen krijgen. Het is een tragedie van jewelste met schitterende Russische muziek gezongen door diepe bassen. Voor een twaalfjarige geen lichte kost, maar mijn vader had me van tevoren het hele verhaal verteld. Hij liet ons ook opnames horen van een van zijn favoriete bassen, die vooral beroemd was geworden met deze opera: de Russische bas Feodor Chaliapin.

Feodor Chaliapin

Deze bas had aan het begin van de twintigste eeuw furore gemaakt en was net zo beroemd als de tenor Enrico Caruso. Chaliapin stond vooral bekend als een enorm goede *method actor*. Twee verhalen typeren hem. Ze hebben beide te maken met zijn rol als Boris.

Tijdens de Klok-scène ziet Boris Godunov een geestverschijning van de tsarewitsj Dimitri die Boris heeft laten vermoorden. Boris wordt overmand door angst en schrikt zich het lazarus als hij het spook ziet. Chaliapin speelde zo echt dat het publiek uit hun stoelen opstond, op hun stoelen gingen staan en allemaal keken in de richting van waar het spook zich moest bevinden in een poging het ook te zien.

Het tweede verhaal geeft aan hoe groot de status was van Chaliapin. De opera *Boris Godunov* heeft vier aktes. Op de helft van de vierde akte sterft Boris aan angst en wroeging. Maar dan gaat de opera nog een halfuur door. Chaliapin vond dat dramatisch gezien helemaal niks. Als hij als Boris stierf, moest op dat moment ook het gordijn dicht en moest de opera afgelopen zijn; dat was veel effectiever. En omdat hij zo beroemd was, gebeurde het ook zo.

We zaten in het auditorium. De lichten gingen uit. De dirigent werd ontvangen met luid applaus en daar begon het spektakel. Hoewel ik niks van het stuk begreep, behalve de dingen die mijn vader had verteld, was ik totaal onder de indruk van die prachtige muziek, de kostuums en de grote iconen die over het toneel meegedragen werden door het koor.

Eerst moest ik wel even door een gevoel van 'hoelang gaat dit duren' heen. Maar na een halfuur gaf ik me over en liet het helemaal over me heen spoelen.

Het was magisch en sprookjesachtig tegelijk. De muziek maakte heel veel indruk en de zang was schitterend. Wat een bijzondere wereld was de opera. Ik zou het nooit meer vergeten, en tegelijkertijd had ik nog helemaal niet door dat dit de wereld zou worden waarin ik de rest van mijn leven zou doorbrengen.

Modest Mussorgsky

Akte 1

'Zullen we bij het begin beginnen?'

Francis als Hanna Glawari in *Die Lustige Witwe*

Zemen zonder strepen

Ik was vijftien jaar toen ik ontdekte dat ik een operastem had met volume en vibrato. Ik zong mee met de cd waarop Cristina Deutekom de aria van de Koningin van de Nacht uit *Die Zauberflöte* van Mozart ten gehore bracht. Er was echter een probleem: ik kreeg pijn in mijn keel. Ik deed natuurlijk maar wat. Als ik goed wilde leren zingen, moest ik bij iemand les nemen.

Toen zag ik op een dag bij de supermarkt een briefje hangen. ZANGLES stond erop, en een telefoonnummer. Ik belde op.

Aan de andere kant van de lijn klonk een zwoele stem met een vreemd accent: 'Met Dobrinka Yankova.' Deze vrouw bleek een Bulgaarse diva te zijn die jarenlang prima donna was geweest bij de Staatsopera van Sofia. Ze had daar prachtige hoofdrollen gezongen. Maar ze was verliefd geworden op een Nederlandse man en aan hem blijven plakken. Nu woonde ze met hem en hun zoon in Den Haag. Ze gaf graag zangles aan enthousiaste nieuwe leerlingen. De lessen kostten vijfendertig gulden per uur. Of ik woensdagochtend tijd had.

Ik sprong een gat in de lucht en zei meteen ja! Ik was zo enthousiast dat ik zei: 'Tot woensdag!' en de telefoon weer neerlegde. Ik liep vrolijk naar de huiskamer om te vertellen dat ik een zangjuf had gevonden. Mijn ouders vroegen naar de details en zo kwam ik erachter dat ik in mijn enthousiasme helemaal vergeten was om te vragen waar ze nou eigenlijk woonde. Toen ik terugbelde nam Dobrinka meteen de telefoon aan. Ik hoorde haar lachen toen ze mijn stem weer hoorde. Ze gaf haar adres op en vertelde hoe ik er kon komen met de bus.

De volgende woensdag ging ik naar Den Haag met in mijn tas de aria van Mozart. Die kende ik tenslotte uit mijn hoofd en het was een gaaf stuk om voor te zingen. Ik moest een lange trap op in een portiek. Bij de deur stond een majestueuze vrouw die heel erg veel op Maria Callas leek. Mijn hart sloeg over; ik werd ontzettend zenuwachtig. Dobrinka was echter heel lief en stelde me op mijn gemak. Wilde ik eerst iets drinken of liever gelijk beginnen? Ik zei dat ik meteen wilde voorzingen uit *Die Zauberflöte*. Zo gezegd, zo gedaan. Ik zong de aria en Dobrinka begeleidde mij op de piano met simpele akkoorden.

Na het zingen van de aria keek ze me aan met een grote glimlach. 'Heel bijzonder dat je dit zingt. Je weet dat dit de moeilijkste aria is voor een sopraan?'

Ik knikte een beetje schaapachtig en vroeg aan haar of het goed was.

Ze was vol lof over mijn stem, maar ze zei ook: 'Je bent nog erg jong voor deze aria. We leggen hem voorlopig even neer. Zullen we bij het begin beginnen?' Ze pakte een boek met bladmuziek voor me, *Arie Antiche*. Dat mocht ik lenen om te fotokopiëren. 'Dit zijn oude Italiaanse opera-aria's uit de achttiende eeuw die niet te ingewikkeld zijn. Ze zijn niet heel hoog of heel laag. Ze hebben mooie melodielijnen die snel te leren zijn en we kunnen ze gebruiken om te oefenen op de basistechniek: legato leren zingen en je registers egaliseren.'

Omdat Dobrinka zo mooi sprak met dat warme geluid en dat accent en soms stukjes voorzong, was ik die hele les door betoverd. Vooral als ze zong hoorde ik een prachtige echte operastem van dichtbij, vol kracht en kleur. Van haar zou ik alle geheimen van de zangkunst leren. Ik kon niet wachten op de volgende lessen.

Dobrinka Yankova

Om die vijfendertig gulden – ja, lieve mensen, zo oud ben ik al – te kunnen betalen elke week nam ik een baantje bij de bakkerij bij ons in de straat. Ik werkte elke zaterdag van zeven uur 's ochtends tot zes uur 's avonds. Van zeven tot twee was het heel druk in de winkel en hielpen we de klanten. Vanaf twee uur werd het rustiger in de winkel; dan gingen we met zijn allen de winkel en de bakkerij schoonmaken.

Op zaterdag werd er zeer grondig schoongemaakt. Zo hielden we de bakkerij redelijk muizenvrij, en het was natuurlijk ook het beste voor de verse producten die er met veel zorg en liefde werden gemaakt. We hadden grote, glazen toonbanken, en ook de hele voorpui was van glas. Dat moest allemaal keurig gesopt en gezeemd worden.

Ik mocht altijd de grote voorpui zemen. Dat vond ik heerlijk om te doen, want dan stond ik half buiten op straat en kon ik lekker een frisse neus halen. Op warme dagen was dat helemaal fijn, want een bakkerij is altijd bloedheet vanwege de ovens die staan te bakken. Ik was heel precies en kon zemen zonder dat er strepen achterbleven op het glas. Daar stond ik met grote emmers sop en sponzen heerlijk alles af te nemen. Om het werk nog makkelijker te maken, begon ik te zingen. Elke week een nieuwe aria voor de volgende zangles. Ik zong zonder gêne en keihard. Vaak waren er nog klanten in de winkel. Zij reageerden altijd vrolijk. Elke week werd ik beter door de zanglessen. Ik kreeg steeds meer complimentjes.

Mijn collega's en klanten in de bakkerij hebben in die jaren van alles van me gehoord; oude aria's als 'Caro mio ben' en 'Amarilli', maar ook de tophits van Puccini zoals 'O mio babbino caro' of de 'Aria aan de maan' uit *Rusalka*. Toen ik al lang niet meer bij de bakkerij werkte en als zangeres mijn brood verdiende, kwam ik nog weleens klanten tegen die me herkenden, niet van tv, maar van de bakkerij waar ze een meisje hadden horen zingen tijdens het schoonmaken.

La Deutekom

Maria Callas is mijn grootste opera-idool. Maar ik zal altijd Deutekom noemen als de zangeres die me mijn stem heeft doen ontdekken. Ik heb haar een paar keer mogen ontmoeten en zelfs lessen bij haar mogen volgen.

Cristina Deutekom is misschien wel onze beroemdste operadiva. Ze stond bekend als *l'usignolo Olandese*, oftewel De Hollandse Nachtegaal en zong met alle grote tenoren van haar tijd zoals Luciano Pavarotti en Plaçido Domingo. Haar grootste kunst was het beheersen van de moeilijkste coloratuurrollen zoals de Koningin van de Nacht van Mozart en de belcanto-opera's van Bellini, Verdi en Donizetti.

Deutekom was helemaal geen vervelende diva. Ze was broodnuchter en heel lief en aardig. Toen ik een keer 'Casta diva' uit *Norma* van Bellini voor haar zong, was ik bloednerveus om dat te mogen zingen voor zo'n grootheid. Na afloop kwam ze naar me toe en zei ze in haar heerlijke Amsterdamse accent: 'Goed gedaan, meissie!'

Cristina Deutekom

Liederen zijn net mini-opera's

Wekelijks had ik zanglessen bij Dobrinka en ik maakte keurig mijn middelbare school af. Ik dacht er niet aan iets professioneels met mijn zingen te doen. Net als mijn vader zou ik na de middelbare school gewoon een vak leren. Mijn vader is zijn hele leven makelaar in onroerend goed geweest. Zingen was zijn hobby. Dat zou bij mij ook zo gaan. Zo toog ik naar de sociale academie om maatschappelijk werkster te worden.

Maar ik nam mijn hobby zingen wel ontzettend serieus. Naast de wekelijkse zanglessen ging ik ook nog elke vrijdagmiddag repertoire studeren bij de pianist die ik via mijn vader had leren kennen. Zijn naam was Paul. Hij was gepensioneerd en begeleidde veel amateurzangers. Paul was een heel beschaafde heer met grijs golvend haar, een geruite blazer, een beige, goed gestreken pantalon en aan de voeten prachtige Italiaanse lederen loafers. In de binnenzak zat altijd een pakje sigaretten, want hij rookte als een ketter. Het leuke was dat hij heel chique was maar net zo praatte als ik: een beetje plat Haags en Rotterdams door elkaar. We hadden dezelfde droge humor. Als ik bij hem was en we hadden even koffie gedronken, zei hij nooit: 'We gaan muziek spelen.' Paul had het altijd over lekker 'tjingelen'.

Als jonge, beginnende vocalist was het heel fijn om bij een begeleider te komen die al zoveel jaren allerlei zangers had geholpen. Hij kende enorm veel repertoire. Maar ik wilde eigenlijk vooral opera's leren kennen. Dat deed ik thuis door met cd's mee te zingen en heel veel opnames te beluisteren. Paul begeleidde ook opera, maar hij vond het jammer dat die pianobegeleidingen eigenlijk alleen maar orkestuittreksels waren geworden voor het klavier.

Hij wilde graag dat ik me ging verdiepen in de klassieke liedkunst, die was ontstaan aan het begin van de negentiende eeuw en had de periode van de romantiek ingeluid. De Duitse componist Franz Schubert was een van de eerste componisten die gedichten op pianomuziek zette. Zijn liederen werden vooral in de intieme sfeer van huiskamers gezongen. Vroeger hadden mensen natuurlijk geen tv of radio, dus jezelf amuseren in de avond bestond uit kaarten, borduren en muziek maken. Vanaf het begin van de negentiende eeuw gingen heel veel componisten liederen componeren. De liederen gingen vaak over onbereikbare geliefdes en verdrietige liefdesgeschiedenissen. Paul vertelde me dat een lied een soort mini-opera was. In enkele coupletten zette de componist een hele wereld neer die je als zanger en pianist heel verhalend moest kunnen vertolken. Dat betekende ook dat de pianist en de zanger in het lied gelijkwaardige musici zijn. De pianobegeleiding, de zanglijnen en tekst ondersteunen elkaar en vullen elkaar aan. Samen vertel je het verhaal.

Ik leerde elke vrijdagmiddag bij Paul de mooiste liederen van Schubert, Brahms, Rachmaninov, Strauss, Tsjaikovski, Schumann, Sibelius, Grieg, Debussy en Fauré. Een van mijn liefste liederen uit die tijd is het lied 'Clair de lune' van Gabriel Fauré. Het heeft een prachtige lange inleiding voor piano en pas heel laat zet de zanger de mooie tekst in van Paul Verlaine:

Votre âme est un paysage choisi
Que vont charmant masques et bergamasques
Jouant du luth et dansant et quasi
Tristes sous leurs déguisements fantasques.

Tout en chantant sur le mode mineur
L'amour vainqueur et la vie opportune.
Ils n'ont pas l'air de croire à leur bonheur
Et leur chanson se mêle au clair de lune,

Au calme clair de lune triste et beau,
Qui fait rêver les oiseaux dans les arbres
Et sangloter d'extase les jets d'eau,
Les grands jets d'eau sveltes parmi les marbres.

Je ziel is als een gekozen landschap
Betoverd door gemaskerden en bergamasques
Luit spelend, dansend en bijna bedroefd
onder hun schitterende vermommingen.

Iedereen zingt in mineur
Over de liefde die overwint en lievelingen van het leven.
Ze schijnen niet te geloven in hun geluk
En hun lied vermengt zich met de maneschijn,

Het kalme licht van de maan, droef en mooi
Dat de vogels doet dromen in de bomen
En de fonteinen laat huilen in hun stilte,
Majestueus tussen de marmeren beelden.

Het lied is heel dromerig. Je hoort als het ware het maanlicht schijnen over de mensen in het gedicht. Zelfs als je het Frans niet verstaat, voel je de bedoeling aan. Ik heb dit lied al meer dan honderd keer gezongen en ik zou uren kunnen luisteren naar de inleiding van de piano. Paul had dat geloof ik ook, want altijd als we het samen speelden en zongen, zei hij na afloop: 'Mooi lied, hè, Cis. Jammer dat je erdoorheen begon te zingen!'

Gabriel Fauré

Deh vieni non tardar

Onlangs zaten we thuis weer lekker op dvd te kijken naar alle afleveringen van Miss Marple, de beroemde vrouwelijke detective bedacht door de nog beroemdere misdaadschrijfster Agatha Christie. Ik heb alle afleveringen al heel vaak gezien. Je zou zeggen: maar dan weet je toch wie de moord heeft gepleegd? Maar dat maakt bij Agatha Christie niks uit. De sfeer van de boeken en de films vind ik heerlijk.

De verhalen spelen zich af in kleine Engelse dorpjes in de jaren veertig en vijftig van de vorige eeuw. Miss Marple is een ogenschijnlijk eenvoudig oud vrouwtje dat graag tuiniert en omvangrijke breiwerken maakt. Maar niets is wat het lijkt. Zij heeft een verstand 'scherp als een mes'. En door haar jarenlange observaties van de mensen die in het dorp wonen, weet zij op ingenieuze wijze allerlei moorden op te lossen.

De aflevering die ik aan het kijken was had de titel 'Moord in de bibliotheek'. In het verhaal zijn er twee meisjes vermoord. Eentje wordt gevonden in een bibliotheek in een groot landhuis. Uiteindelijk blijken de meisjes verwisseld te zijn waardoor het verkeerde meisje in de bibliotheek ligt. Ik zal niet het hele plot vertellen, daarvoor moet je het boek zelf lezen of een tv-bewerking opzoeken, maar in deze versie hoort Miss Marple (gespeeld door Joan Hickson) in een hotel waarin ze verblijft steeds een orkestje een prachtige melodie spelen. Pas na een tijdje herkent ze de melodie, en zo komt ze erop dat het verkeerde meisje is vermoord. De muziek komt uit een opera waarin ook twee vrouwen verwisseld zijn van kleren en plaats. De melodie hoort bij de aria 'Deh vieni non tardar' uit het wereldberoemde stuk *Le nozze di Figaro*, gecomponeerd door Wolfgang Amadeus Mozart. Doordat Miss Marple de melodie herkent en meteen begrijpt waar de aria over gaat, vindt ze de oplossing voor de moord. Heel leuk gevonden door de scenarioschrijvers.

Ik hoorde de melodie door het orkestje gespeeld worden op tv en meteen mijmerde ik over de tijd dat ik begonnen was aan het conservatorium. Ik was met vlag en wimpel aangenomen. En op een mooie septemberdag mocht ik de deuren binnenlopen aan de Van Baerlestraat te Amsterdam. Ik vond het altijd een beetje jammer dat je niet aan me kon zien op straat dat ik daar studeerde. Er hing geen vioolkist of saxofoonkoffer op mijn rug. Ik hoopte altijd, een beetje kinderlijk misschien, dat als ik de trappen op liep en daar binnenstapte dat mensen buiten op straat onder de indruk zouden zijn dat ik daar naar binnen mocht. Zo bijzonder vond ik het zelf om te mogen studeren aan een instituut met al dat talent.

Een studie klassieke zang duurt officieel vier jaar, maar als je mazzel hebt, nemen ze je aan op de vooropleiding. Zo krijg je een extra jaar studie toebedeeld dat zeker voor zangstudenten heel erg van pas kan komen. Zangers beginnen namelijk vrij laat met het ontwikkelen van hun stem. Je kunt pas als volwassene echt goed aan je stem werken. Dat is natuurlijk heel anders bij de instrumentalisten, die al van kleins af aan uren per dag studeren. De opleiding heeft heel veel vakken naast de zangles die je één keer in de week krijgt. Ik had pianoles, solfège (van blad zingen en ritmes leren tikken en zingen), muziekgeschiedenis, harmonieleer, muziekanalyse, Gregoriaans, bewegingslessen, zwaardvechten, dramalessen, liedklas en oratoriumklas. Wat we niet echt meekregen was kennis over opera. En daar wilde ik juist het meeste over leren.

Nu had ik wel al gehoord van de opera-academie. Dat was een masteropleiding die je pas kon gaan doen nadat je je conservatoriumdiploma had behaald. Maar ik wist dat de opera-academie kantoor hield op de zolder van onze school; daar werden alle lessen en coachings aan de masterstudenten gegeven. Ik trok de stoute schoenen aan. Meteen in mijn eerste jaar ging ik naar boven om kennis te maken met de artistiek leider van de opera-academie: de Schotse tenor Alexander Oliver. Hij was een beminnelijke man met een enorme operacarrière en had overal ter wereld in alle grote operahuizen gezongen. Hij was ook heel erg komisch. Nu hij wat ouder werd, vond hij het belangrijk om al zijn kennis door te geven aan de jongere generatie.

Toen ik bij hem binnenstapte en vroeg of ik extra operalessen kon krijgen, ontstond er een heel geanimeerd gesprek. Het klikte meteen. Ik vertelde over mijn liefde voor Maria Callas en legde uit dat opera mijn passie was. Hij was ook gek op Callas en andere grote diva's. Daarop vertelde hij anekdotes uit zijn eigen zangleven. Hij had bijvoorbeeld samen gezongen met Patricia Routledge. Ongelooflijk! Hij kende de actrice die Hyacinth Bouquet speelde in de komische televisieserie *Keeping Up Appearances*. Blijkbaar was zij in haar jonge jaren ook operazangeres geweest. Vanaf die dag hing ik aan zijn lippen. En dat is tot op de dag van vandaag nog steeds zo.

Na me een halfuurtje op al die leuke verhalen te hebben getrakteerd kwam hij ter zake. Hij zei me goed mijn best te doen op de opleiding zang, en als de tijd er rijp voor was, moest ik komen voorzingen bij hem. Hij stuurde me door naar de operacoach Jan Slothouwer, want die had waarschijnlijk nog wel tijd over om enkele aria's met mij door te nemen.

De volgende dag ging ik naar Jan toe. En Alexander had het goed ingeschat: Jan had een uur in de week over om mij te begeleiden. Hij zou het graag doen, want hij hield van enthousiaste leerlingen.

Vanaf dat moment ging ik naast mijn reguliere lessen ook elke week naar de zolder op school om mooie aria's te studeren met Jan.

De eerste aria die ik van hem moest leren was dus 'Deh vieni non tardar' van Suzanna uit *Le nozze di Figaro*. Deze opera van Mozart is heel beroemd en wordt nog steeds veel gespeeld in alle operahuizen ter wereld. Maar in de tijd dat Mozart de muziek schreef, werd het stuk gezien als erg subversief en schandalig. Het toneelstuk van Beaumarchais waarop de opera is gebaseerd was verboden in Wenen. De aristocratie voelde zich erg ongemakkelijk bij het verhaal. In de bruiloft van Figaro zijn namelijk de bedienden veel slimmer en sterker dan hun meesters.

Het verhaal kort en bondig uitleggen is geen sinecure, want het is ongeveer het ingewikkeldste plot in de gehele operaliteratuur. Mensen sloten vroeger zelfs weddenschappen af over hoe goed je deze geschiedenis kon vertellen zonder fouten te maken.

Ik ga nu zelf een poging wagen.

De opera begint in de slaapkamer van bediende Figaro en het kamermeisje Suzanna. Hij meet zijn huwelijksbed op, want ze gaan binnenkort met elkaar trouwen.

De baas van Figaro is graaf Almaviva. De graaf heeft eerder Suzanna proberen te verleiden; wat niet gelukt is, want Suzanna heeft totaal geen interesse. Maar Figaro is kwaad op zijn baas. Hij wil zich wreken.

Dokter Bartolo is op zijn beurt kwaad op Figaro, omdat Figaro ervoor heeft gezorgd dat zijn pupil Rosina met de graaf is getrouwd. Dit was tegen de zin van de dokter, want hij had zelf met Rosina willen trouwen.

Rosina zien we in de tweede akte. Zij is nu drie maanden getrouwd met de graaf en mag zich dus gravin noemen. Maar ze is ongelukkig. De graaf ziet haar al niet meer staan en zit achter allerlei andere vrouwen aan. Hij heeft spijt dat hij zijn recht van Primae Noctis of Droit de Seigneur zelf heeft afgeschaft. Dit feodale recht liet edelmannen naar bed gaan met ondergeschikten op de dag van hun huwelijk. De graaf mag dit recht niet meer uitoefenen. Nu probeert hij op andere manieren vrouwen in zijn bed te krijgen, tot grote woede van de gravin en Suzanna.

De gravin en haar kamermeisje Suzanna besluiten de graaf bij de neus te nemen door een zogenaamde afspraak tussen hem en Suzanna te arrangeren. Suzanna zal niet gaan; in plaats van haar zullen ze de jonge page Cherubino (die op zijn beurt weer verliefd is op de gravin) verkleden en laten gaan.

De graaf spookt zelf van alles uit, maar is jaloers op zijn vrouw. Hij hoort gestommel in de kamer van de gravin. Hij beveelt haar de deur open te doen en verwacht een man te vinden. Cherubino wordt weggewerkt door Suzanna en zij komt tevoorschijn. De graaf biedt onmiddellijk zijn excuses aan aan zijn vrouw.

Ondertussen wordt Figaro gechanteerd door dokter Bartolo. Figaro had schijnbaar met ene Marcellina moeten trouwen en de dokter houdt hem aan die belofte. De graaf wordt gevraagd zich over deze zaak te buigen.

Figaro zegt dat hij van adellijke bloede is en daarom aan zijn ouders die hij nooit heeft gekend toestemming moet vragen voor het huwelijk met Marcellina. Om te bewijzen dat hij adellijk is, toont hij een teken op zijn arm aan dokter Bartolo en Marcellina. Marcellina herkent het teken meteen: Figaro is haar verloren zoon. En Bartolo moet dan ook zijn vader zijn. (Kun je het verhaal nog volgen?)

Ondertussen wil de bedroefde gravin haar man op heterdaad betrappen. Suzanna schrijft een briefje waarin ze een afspraak bevestigt later op de avond. Figaro hoort van deze geheime afspraak en het bloed stijgt hem naar het hoofd van woede. Hij verbergt zich achter een struik in de tuin.

De gravin en Suzanna hebben elkaars kleren aangetrokken. Figaro confronteert 'Suzanna' met haar ontrouw en komt erachter dat het een list is om de graaf te ontmaskeren.

De graaf ziet dat de 'gravin' Figaro omhelst en is buiten zinnen. Hij roept iedereen erbij als getuige en wil van geen pardon weten totdat hij op zijn donder krijgt van de echte gravin. Hij is zelf degene die ontrouw is geweest. Eindelijk toont de graaf berouw.

Het stuk eindigt gelukkig voor iedereen.

De aria die ik moest leren is een mooie melodie die Suzanna zingt als ze verkleed staat te wachten op haar gearrangeerde ontmoeting met de graaf. Ik leerde van Jan Slothouwer eerst de muziek en de structuur van de aria kennen. Die was geschreven in de vorm van een serenade. Deze vorm was meestal voorbehouden aan mannen die een vrouw willen verleiden, maar doordat Suzanna zingt, is zij degene die wil verleiden.

In het recitatief voor de aria schrijft Mozart in de orkestbegeleiding muziek waardoor je kan horen wanneer Suzanna liegt en wanneer ze de waarheid spreekt. Ze moet immers de rol van gravin spelen, maar ze is ook zenuwachtig of de graaf haar zal herkennen; dat vertelt ze aan het publiek. Als ze liegt is er geen begeleiding, maar als ze zichzelf is, hoor je mooie strijkers onder haar zang.

Dan komt de graaf in de buurt en begint ze de aria. De tekst is overdreven en heel erotisch om de graaf te lokken: *Deh vieni non tardar... O, kom, wees niet te laat, mijn mooie vreugde. Kom waar de liefde je roept tot genot...*

Suzanna weet dat Figaro zich heeft verstopt achter de struiken en wil hem even plagen omdat ze kwaad is dat hij haar niet vertrouwt. Hij zou toch beter moeten weten. In de begeleiding horen we tweeklanken die gebroken zijn. Mozart geeft daar muzikaal mee aan dat Suzanna en Figaro nu niet samen zijn. Als de aria verdergaat en Suzanna de mooie teksten uiteindelijk wel voor Figaro zingt omdat zij echt van hem houdt, hoor je die tweeklanken tegelijk gespeeld worden. Zij hoopt namelijk heel erg op een samenzijn met Figaro. Hoe Mozart de teksten muzikaal verklankt is geniaal.

Jan legde me dit allemaal uit, en doordat ik al die extra informatie kreeg, ging ik op een heel andere manier luisteren naar die ogenschijnlijk eenvoudige aria. Er zaten veel meer lagen in dan verwacht en dat hielp weer bij het zoeken van verschillende kleuren in mijn stem.

In de jaren op het conservatorium heb ik zo vele aria's leren analyseren bij Jan. Het waren lessen van onschatbare waarde.

Een mooi stukkie behang

In mijn eindexamenjaar van de opleiding klassieke zang deed ik toelating voor het vooropleidingsjaar van de Nieuwe Opera Academie. Ik was gedurende mijn hele studie lessen blijven volgen bij Jan Slothouwer en als er tijd was, zat ik heerlijk te luisteren naar de operaverhalen van Alexander Oliver.

Toen ik dan eindelijk voor mocht zingen was ik bloednerveus. Nu zou ik een stap dichterbij kunnen komen om het vak van operazangeres te leren. De academie was een specialistische opleiding voor dit moeilijke beroep die twee keer per jaar een hele operaproductie op touw zette, met alles erop en eraan: orkest, dirigent, regisseur, kostuums, ballet en koor. Was je als student zang aangenomen, dan kon je voor het eerst een solopartij krijgen. En dan leerde je zingen en acteren tegelijk.

Ik deed auditie en werd tot mijn dolle vreugde aangenomen. Alexander Oliver zei dat mijn harde werk vruchten had afgeworpen en hij heel blij was dat ik bij hen verder kon studeren. Alexander had in die tijd een bijnaam voor me. Ik was zijn 'babydiva', een koosnaam die hij nu nog gebruikt wanneer ik hem spreek.

Na de auditie kreeg ik meteen te horen dat hij een rol voor me in gedachten had in de nieuwe productie. Ook de studenten in de vooropleiding hadden ze nodig, want het was een ensemblestuk. De grote rollen gingen naar de studenten in de reguliere opleiding en de rest vulden wij in. Ik vroeg wat het voor rol was. Alexander moest lachen en zei: 'Je eerste rol is die van een rol behang.'

Het ging om de opera *L'enfant et les sortilèges* van Maurice Ravel.

Stel je een gezellige kinderkamer voor. Er hangt mooi behang met herdertjes en herderinnetjes erop geschilderd. We zien een tafeltje met een theepot en een kopje thee dat staat te walmen. Er is een gezellige leunstoel en een mooie staande klok. Op de grond liggen een witte en zwarte kat te spinnen. Het kind is bezig met zijn huiswerk. Maar hij vindt de opgaves moeilijk, en uit balorigheid en irritatie steekt hij zijn tong uit naar zijn moeder die hem probeert te helpen. Zijn moeder is het zat en laat hem voor straf alleen achter in zijn kamer. Uit woede en frustratie maakt het kind van alles kapot in zijn kamer. Hij scheurt het behang kapot, gooit de theepot omver, draait aan de wijzers van de klok, trekt aan de staart van een van de poezen en vernielt uiteindelijk zijn lievelingsprentenboek. Uitgeput valt hij ten slotte in de leunstoel.

Maar hij krijgt de kans niet om in slaap te vallen, want de leunstoel komt tot leven en gooit het kind van zich af. Plotseling komen alle objecten die kapot zijn gemaakt tot leven en confronteren een voor een het kind met zijn gedrag. Een oud mannetje dat uit zijn wiskundeboek tevoorschijn komt, maakt het kind helemaal dol met allerlei ingewikkelde rekensommen. Het kind valt uitgeput neer en plotseling vallen de muren weg van zijn kamer en is het kind in de grote tuin achter zijn huis.

Alle dieren en insecten en planten in de tuin zien het kind. Het kind heeft hen ook mishandeld en ze keren zich tegen hem. Ze komen dreigend op hem af en proberen hem te pakken te nemen. Het kind is bang en roept om zijn moeder. Maar de dieren luisteren niet. In het grote gevecht tussen de dieren en het kind valt er plotseling een gewonde eekhoorn naast hem. Het kind ziet dat het dier gewond is en wil het verzorgen. De andere dieren staan plotseling stil, verbaasd dat het kind nu lief is. Ze zien ineens dat het kind barmhartig is en ze veranderen hun mening over hem. Ze zullen het kind terugbrengen naar zijn moeder.

In onze uitvoering op school was ik een porseleinen herderinnetje dat geschilderd was op het behang. Ik kreeg een schitterend Delfts blauw kostuum aan en werd helemaal wit met blauw geschminkt. Mijn zangpartij was pas halverwege de eerste akte. En als behang werd ik geacht twintig minuten doodstil te staan, omdat behang nu eenmaal niet beweegt. Zodra we tot leven kwamen, moest ik meteen een paar heel hoge noten zingen. Het was niet veel, maar na twintig minuten doodstil op de bühne in beeld te staan en dan ineens, zonder te kunnen opwarmen, zo te zingen was toch best een opgave.

Op de opera-academie had een productie meestal zes voorstellingen. De hoofdrol werd vaak door twee zangstudenten gezongen, zodat elk van hen drie voorstellingen kon optreden. Maar de kleine rollen werden niet dubbel bezet. Ik stond dus zes keer doodstil op het toneel in mijn eerste operarol. Van deze rol leerde ik al ontzettend veel.

De productie werd opgezet als een reguliere operaproductie zoals die bij alle operahuizen in de hele wereld wordt gemaakt. Er zijn zes repetitieweken met een regisseur. Je zangpartij dien je te kennen voordat deze regierepetities beginnen. In het begin van de periode gaat het er snel maar redelijk ontspannen aan toe. Na drie weken ongeveer is het hele stuk in de grondverf gezet: muzikaal en vocaal. Daarna worden de scènes en aktes herhaald totdat er een hele doorloop gespeeld en gezongen kan worden.

Voor het eerst moest ik acteren en zingen tegelijk.

Op voorzingavonden van het conservatorium lag de nadruk op het zingen naast de vleugel. Je kunt dan redelijk rustig staan en met kleine bewegingen iets in het lied of de aria benadrukken. In de opera moet je tijdens het zingen kunnen lopen, dansen, klimmen, liggen en echt interactie hebben met je collega's. Net zoals in een toneelstuk. De coördinatie met het zingen van soms lastige vocale muziek is in het begin heel moeilijk. Ik merkte dat als ik begon te bewegen ik me ineens mijn tekst of de melodie niet meer kon herinneren. Of soms zag ik de dirigent niet goed, doordat ik met mijn rug naar hem moest staan van de regisseur.

In het begin van de repetities raakte ik soms helemaal in de war. Ik haalde zang, muziek en spel door elkaar. Maar door kleine stukjes steeds te repeteren kreeg ik alles onder controle en uiteindelijk hielp het samenspel met collega's om makkelijker te zingen. Het werd als het ware een tweede natuur en na verloop van tijd begon alles er soepel uit te zien. Dat is de kunst. Als het uiteindelijk lukt met elkaar en je eigen partij is dat het meest magische van het zingen van opera. Want dan kun je met elkaar een muzikaal verhaal vertellen en zo het publiek laten genieten van alles wat er op het toneel gebeurt.

In de jaren dat ik mocht studeren aan de opera-academie zong ik rollen in heel diverse stukken. Zo zong ik de Eerste dame in *Die Zauberflöte* van Mozart. Ik zong een tragische weduwe in de onbekende maar fantastische opera *Dve Vdovy* van Smetana. En ik zong een vrolijke barones in de beroemde operette *La vie Parisienne* van Jacq Offenbach. Met deze rol deed ik mijn masterexamen opera en omdat ik zelf geen kinderen heb, en het toch aan iemand moet vertellen, schrijf ik het hier op. Ik ben afgestudeerd summa cum laude met de volgende cijferlijst: twee negens, vijf keer negenenhalf en één tien. Ik ben er nog steeds best wel een beetje trots op.

Een oude componist die goed klinkt

Een bekend verhaal over Ravel heeft ook te maken met de Amerikaanse componist George Gershwin. Gershwin had roem vergaard als componist van een schat aan liedjes voor *music halls*. Daar had hij zeer goed aan verdiend. Maar hij wilde een klassieke componist worden, en dus ging hij naar Europa om les te nemen bij de beroemde Maurice Ravel. Toen hij vertelde over zijn ambities – net zo mooi leren componeren als Ravel – zei de grote man: 'Lieve

George, waarom wil je een tweedeklas Ravel worden, terwijl je een eersteklas Gershwin bent?'

Hierna schreef Gershwin zijn meesterwerk *Porgy and Bess*.

Een andere anekdote over Ravel heeft te maken met de Eerste Wereldoorlog.

Paul Wittgenstein was een Oostenrijkse concertpianist die in de oorlog zijn rechterarm had verloren. Hij wilde per se zijn pianocarrière voortzetten, dus vroeg hij aan allerlei beroemde componisten of ze een pianoconcert voor hem konden schrijven. Benjamin Britten, Paul Hindemith en Richard Strauss deden pogingen iets te maken, maar het bekendste pianoconcert is het *Pianoconcert voor de linkerhand* van Ravel geworden.

In het begin moest Wittgenstein heel erg wennen aan de jazzy elementen die in het stuk verwerkt zijn. Wittgenstein werkte het een beetje om naar harmonieën die hij beter vond klinken. Ravel was daar niet over te spreken en liet dat ook duidelijk aan de pianist merken.

Hierop zei Wittgenstein tegen Ravel: 'Ik ben een oude pianist en het klinkt niet goed!'

Hierop gaf Ravel als antwoord: 'Ik ben een oude componist en het klinkt wel goed!'

Maurice Ravel

Altijd derde...

Ik had het gehaald! Na acht afleveringen was ik terechtgekomen in de grande finale van het immens populaire tv-programma *De slimste mens*. Bijna nooit had ik zoiets spannends meegemaakt. En ik wist van tevoren dat ik derde zou gaan worden.

Jaren eerder had ik al meegemaakt dat ik derde werd in een wedstrijd.

Ik was vlak na mijn studie in de finale van een heus operaconcours terechtgekomen. Dit concours was vernoemd naar de operazangeres Cristina Deutekom en werd georganiseerd door de Nederlandse Reisopera te Enschede. Voor jonge zangers is het heel handig om mee te doen aan dit soort wedstrijden. Ze leren een aantal repertoirestukken en kunnen deze voor het eerst zingen met orkest en dirigent. Zo doen ze enorm veel ervaring op en kunnen ze zich presenteren aan een jury met gerenommeerde musici en zangers. Vaak komen er operadirecteuren of operaagenten luisteren. Zij scouten de jonge talenten. Zelfs als die geen prijs winnen, kunnen ze in de smaak vallen voor een rol of een engagement in een operahuis. Daarom doet elke zanger weleens mee aan een concours.

Ik was net klaar met studeren en had me opgegeven. Dat het om het Deutekom-concours ging, vond ik te gek: mevrouw Deutekom zou zelf in de jury zitten.

Het was zenuwslopend, maar ook heel eervol om voor haar te mogen zingen. Er waren voorrondes en een halve finale; uiteindelijk mochten er drie zangers naar de finale toe in het Muziekcentrum in Enschede. Het Orkest van het Oosten zou de begeleiding verzorgen.

Mijn hele familie was aanwezig in Enschede en de avond was magisch en meteen ook een les in nederigheid. Ik ben namelijk enorm competitief. Als klein kind kon ik al heel slecht tegen mijn verlies. Bij het spelletje risk heb ik weleens een bord, dat vol stond met allerlei kleuren legertjes, in woede door de kamer gegooid.

Ik had gekozen voor de grote scène van Desdemona uit de opera *Otello* van Giuseppe Verdi. Deze aria had ik ook op mijn eindexamen zang klassiek gezongen en het is een grote aria van wel tien minuten die eindigt in een heel ingetogen 'Ave Maria'. Om het met orkest te zingen was als een droom. Na het concert volgde het juryberaad. Maar net op deze finale-avond was mevrouw Deutekom niet aanwezig doordat ze plotseling ziek was geworden. Ik vond dat heel erg jammer, want ik wist dat Deutekom een zwak voor me had.

Het was nu gewoon afwachten wie één, twee of drie zou worden. Dat ligt dan aan de smaak van de jury. Ziet die een grote toekomst in je? Of heeft ze een zwak voor je verschijning? Eigenlijk weet je niet goed op grond waarvan de jury uiteindelijk kiest.

Ik weet dat we alle drie een eigen manier van zingen hadden, die door een goede techniek werd ondersteund. Toch was het een grote teleurstelling toen ik hoorde dat ik de derde prijs had gewonnen. Daar kwam even de kleine Francis naar boven die altijd wil winnen. Gelukkig gaf het publiek ook een luide kreet van verbazing. Dat gaf dan wel weer een goed gevoel.

Toen mijn familie me na afloop een beetje teleurgesteld aan zag komen lopen, kreeg ik meteen bijval hoe trots ze op me waren en dat ik voor hen altijd nummer één zou zijn. En dat het erbij hoorde. Zo leerde ik omgaan met teleurstellingen.

Jaren later zag ik een documentaire over prijswinnaars van grote muziekconcoursen. Onderzoek had uitgewezen dat je beter een tweede of derde prijs kunt winnen in grote wedstrijden. Er zijn heel wat winnaars van eerste prijzen bezweken onder de druk van hun succes. Ze werden meteen gevraagd voor van alles en nog wat en kregen bij wijze van spreken niet de tijd om zich rustig door te ontwikkelen. Dit in tegenstelling tot anderen die 'lager' waren geëindigd en toch genoeg waren opgevallen om gevraagd te worden door operahuizen of concertseries. Zij hadden niet het gevoel dat ze altijd nog beter moesten presteren dan op dat ene moment. Het bleek vaak dat tweede of derde prijswinnaars later juist een grote carrière kregen of heel beroemd waren geworden.

Hier dacht ik dus ook aan toen ik wederom in de finale zat van *De slimste mens.*

En verdomd. Door deze derde prijs te halen werd ik in één klap beroemd in Nederland. Zo zie je maar weer.

Akte 2

Wat je in ieder geval moet weten over opera...

424 jaar muziektheater

In mijn voorstelling *Schandalig mooie opera* vertel ik de hele geschiedenis van de opera aan de hand van een veertien minuten durende medley waarin alle tophits van beroemde opera's, operettes en musicals voorbijkomen. In de voorstelling is dat een heel leuke en snelle manier om aan de mensen muzikaal te laten horen hoeveel mooie muziek er geschreven is. Het zou in zo'n voorstelling veel te saai zijn om een geschiedkundig referaat te houden over de ontwikkeling van de opera. Maar gelukkig kan ik dat in een boek wel wat uitgebreider uit de doeken doen.

De geschiedenis van de opera is soms net zo ingewikkeld als een libretto van een Mozart-opera, maar ik ga het proberen zo eenvoudig mogelijk uit te leggen.

Heel in het kort...

Opera is ontstaan rond het jaar 1600 in Italië. Om precies te zijn in Florence. Deze kunstvorm bestaat dus nu al ruim vierhonderd jaar en is uitgegroeid tot muziektheater in allerlei verschillende subgenres. Je hebt tragische opera, komische opera, Duits Singspiel, Weense operette, Franse *opéra comique*, Engelse komische opera's. Dan zijn er verschillende tijdsperiodes: de barok, de klassieke tijd, de romantiek, de moderne tijd. En die hebben hun eigen stijlen van zingen en uitvoeren.

Het begon allemaal in Italië en dat bleef ook heel lang het

leidende land. Maar vanaf de negentiende eeuw gaan door de opkomst van het nationalisme componisten opera's schrijven in hun eigen taal.

In onze tijd heb je natuurlijk ook klassieke en moderne musical. Eigenlijk wordt musical in de klassieke wereld niet gezien als opera. Maar ik heb daar een andere mening over. In musical zingen en spelen en dansen de mensen een verhaal op een toneel met kostuums en decor. Daarom beschouw ik musical als een nieuwe versie van opera met populaire muziek.

Opera werd rond 1600 ook geboren als een nieuwe versie van iets ouds, namelijk de Griekse tragedie. Dat gebeurde tijdens de renaissance. Alle kunst, ook muziek, was bezig met de Griekse en Romeinse oudheid.

De grootste misvatting in de muziekgeschiedenis

In Florence kwamen intellectuelen bij elkaar die geschriften van Aristoteles lazen. Aristoteles had in de vierde eeuw voor Christus dingen geschreven over muziek en drama. De Florentijnen lazen dit alsof Aristoteles bedoelde dat dit een en het zelfde ding moest zijn geweest. Drama, volgens Aristoteles, was de nabootsing van het echte leven, en dat moest versierd worden door melodieën. Door deze teksten dachten de Florentijnen dat het Griekse drama altijd een gezongen toneelstuk moest zijn geweest.

De eerste componist die aan de gang ging met dit idee heette Jacopo Peri. Hij schreef de opera *Dafne*, over de bloedmooie nimf die in een laurierboom veranderde. Peri voegde verschillende stukken teksten op muziek samen tot een gezongen toneelstuk. Elk muziekstuk is een *opus*, meerdere muziekstukken aan elkaar geplakt tot een groter werk is dus *opera*, de meervoudsvorm van het woord 'opus'.

Helaas is het stuk *Dafne* verloren gegaan.

Een van de eerste opera's, die nu nog steeds gespeeld wordt, en die het nieuwe genre opera leven inblies, is *Orfeo* van Claudio Monteverdi.

Claudio Monteverdi

Monteverdi is de belangrijkste vertegenwoordiger in deze tijd van het nieuw ontdekte genre. Hij componeerde rijke, complexe muziek. Maar hij voegde ook het vermogen toe om muziek een emotionele lading te geven. Hij maakte van de mythische personages in de onderwerpen van die tijd mensen van vlees en bloed. Passie en gevoel zijn van groot belang in de opera. Monteverdi vond de tekst het belangrijkste in het drama; de muziek moest dat ondersteunen en begeleiden. Zijn beroemdste uitspraak is dan ook: *prima le parole, e poi la musica.* Dat betekent: eerst de woorden en dan de muziek.

De opera's trokken meteen een groot publiek. In 1637 werd in Venetië een eerste operatheater geopend. Het was voor iedereen toegankelijk, arm of rijk.

Aan het einde van de zeventiende eeuw waren er nog elf theaters bij gekomen in deze stad. Opera was meteen geweldig populair en de nieuw geschreven opera's waren niet aan te slepen. Veel opera's werden na hun uitvoeringen gewoon weggegooid, en dan was het tijd voor een nieuw stuk. Daardoor is er helaas niet veel bewaard gebleven uit die tijd.

Opera moet hebben geklonken als vocale declamatie: het zingend opzeggen van tekst met veel gevoel en pathos. Om meer variatie te maken, ontwikkelden componisten twee manieren om te zingen.

De eerste manier is het zingen van een recitatief. Dit is gezongen tekst waarin we de gewone dingetjes horen die belangrijk zijn voor de handeling. Een simpel voorbeeld zou zijn: 'Ik loop nu even naar de bakker, want ik moet zes broodjes halen.'

De tweede manier is het zingen van een aria. Hierin horen we met mooie melodielijnen wat het personage ervan vindt dat hij naar de bakkerij gaat om broodjes te kopen. Dan zou een tekst zo misschien gaan: 'O, wat een heerlijk mals zacht broodje proef ik nu. Het vult mijn lege maag en voedt mijn ziel. Ik heb nog nooit zoiets hemels geproefd.'

De orkestratie van de vroege opera's was nog erg bescheiden. Meestal waren er twee toetsinstrumenten (klavecimbels) en later wat houten blaasinstrumenten en snaarinstrumenten zoals de luit en de theorbe.

Later werd ontdekt dat Aristoteles iets heel anders had bedoeld met Grieks drama. In de Griekse oudheid werden toneelstukken heel anders uitgevoerd. Daarom noemen we opera nu nog steeds de grootste misvatting van de muziekgeschiedenis. Ikzelf ben wel heel blij met deze grote fout. Anders hadden we misschien niet al die prachtige muziek gekend.

De barok

In de achttiende eeuw verlegde het accent zich steeds meer van het gezongen drama naar vocale virtuositeit. De zangers werden grote supersterren en doorkruisten heel Europa om in rijk versierde opera's prachtige aria's te zingen met heel veel coloraturen, versieringen en trillers. Deze zangers, vooral de castraten, verdienden goud met hun stem. In het hoofdstuk 'Van een paard gevallen' zal ik meer over het fenomeen castraten vertellen.

Omdat de meeste castraten Italiaans waren, werden de opera's in heel Europa in het Italiaans gecomponeerd. De opera's kregen een verzamelnaam: *opera seria* (serieuze opera). En deze werden het meest uitgevoerd aan het hof. Het genre wordt nu meer en meer geschreven voor de adel en de rijke elite.

Om een opera seria te schrijven moest je bepaalde regels volgen als componist. Ten eerste moest je de zangers te vriend houden. Zij waren de sterren die geld in het laatje brachten. Muziek moest hun de mogelijkheid geven te tonen wat ze konden. Zangers kregen heel veel solo-aria's te zingen, waardoor de voorstelling eigenlijk een soort gekostumeerd concert werd. Elke aria had een eigen emotie: woede, spijt, jaloezie of hysterische blijdschap.

De opbouw van de aria bestond in de achttiende eeuw uit drie delen. Het eerste deel: de melodie. Het tweede deel: een heel nieuwe melodie. Het derde deel kreeg de opdracht 'Da Capo' (letterlijk vertaald: vanaf de kop) en was een variatie van de eerste melodie met vrije improvisaties en versieringen door de zanger. Na de aria verliet de zanger het toneel ten teken dat zijn miniconcert ten einde was zodat het publiek in uitzinnig gejuich kon uitbarsten.

De opera seria hebben vaak verhalen met gekke, ingewikkelde plots. Hierdoor duurden ze lang en was er vaak geen touw aan vast te knopen. Als er maar veel aria's te horen waren. En ze waren zeer tragisch. Voor het publiek was dit verschrikkelijk saai. Dat wilde ook weleens lachen om luchtig entertainment.

Dus ging men intermezzi schrijven tussen de aktes van de opera seria: korte komische scènes die even lucht moesten geven aan de avond. Deze stukken waren losser van vorm. Er waren meer mensen tegelijk op het toneel. Zij konden duetten zingen en met deuren slaan. Er was veel meer interactie op het toneel. Deze komische opera werd *opera buffa* genoemd.

Een nieuwe hervorming

In de opera seria werden de verhalen steeds langdradiger en onduidelijker. Het drama verdween naar de achtergrond. Het ging puur nog om de zangers en hun virtuositeit. Voor sommige componisten was dit de limit. Ze wilden de opera opnieuw gaan hervormen. Het kon zo toch niet langer doorgaan.

In de tweede helft van de achttiende eeuw was er een Duitse componist die deze hervorming heel duidelijk op gang bracht. Zijn naam was Christoph Willibald Gluck. Hij schreef een tekst waarin hij afrekende met de operapraktijk van zijn tijd. Hij vond dat de componisten terug moesten naar eenvoud om zodoende het verhaal en drama weer centraal te stellen. Precies zoals Monteverdi het in beginsel had opgezet. Het moest weer gaan om eerlijke emoties zonder opsmuk. Weg met de oppervlakkige uitvoeringen. De strenge regels die in de opera seria waren ontstaan, zouden weer wat losgelaten worden.

Gluck schreef, net als Monteverdi, een opera over de mythische figuur Orpheus die zijn geliefde was kwijtgeraakt in de onderwereld. *Orfeo ed Euridice* luidde een nieuwe fase in de operageschiedenis in. De bekendste aria, 'Che faro senza Euridice', kennen veel mensen door zijn eenvoudige melodie die direct ontroert. Orpheus bezingt hierin zijn liefde voor Euridice, die hij voorgoed is kwijtgeraakt. Hij weet niet wat hij zonder haar zou moeten.

Christoph Willibald Gluck

De Zonnekoning

In de achttiende eeuw voerde Italiaanse opera de boventoon. Overal in Europa kon je naar dezelfde soort opera's gaan luisteren. In Frankrijk was het publiek ook gek op opera, maar zette een nieuwe ontwikkeling in gang naar een heel eigen soort opera vol ballet en dans.

Waarom de Fransen zo van dansen houden? Dat komt door de beroemdste koning die ze ooit hebben gehad, Lodewijk de Veertiende. Hij wordt ook wel de Zonnekoning genoemd. Lodewijk was gek op ballet en hij had zijn bijnaam gekregen omdat hij tijdens een uitvoering zelf ook een bijzondere rol speelde. Het ballet verbeeldde hoe de nacht week door de opkomst van de koning die helemaal verkleed was als een stralende zon.

Lodewijk de Veertiende deed alles om zijn koningschap allure en grootsheid te geven. Hij wilde opzien baren in heel Europa en liet Versailles bouwen, op dat moment het gaafste en mooiste paleis in Europa. Opera's te Versailles moesten grote spektakels zijn waarin ballet een even belangrijke rol speelde als de zang.

De Italiaanse componist Lully was de hoofdcomponist bij Lodewijk de Veertiende. Hij schreef veel van deze spektakelstukken. Een opera van zijn hand begon vaak met een langzame, pompeuze ouverture. Het genre zou later bekend worden als de Franse ouverture. Daarna kwam een pastoraal ballet waarin iedereen vertelde hoe geweldig Lodewijk de Veertiende wel niet was. Dan kwam de Zonnekoning telkens zelf als danser ten tonele in fantastische kostuums en make-up die zijn status als Zonnekoning benadrukten.

Lully componeerde niet alleen de opera's, hij was ook de dirigent van het orkest en de zangers. Helaas leidde dat tot zijn dood. Dirigenten in die tijd hadden geen klein dirigeerstokje (baton) zoals we nu kennen. Ze sloegen de maat door met een grote, zware staf met een ijzeren punt op de grond te stampen. Lully liet op een avond die staf met ijzeren punt per ongeluk op zijn eigen teen neerkomen en doorboorde zijn voet. Het bloed liep eruit en hij werd direct verzorgd. Helaas was er toch een bacterie binnengedrongen waardoor zijn voet gangreen kreeg en afstierf. Amputatie hielp ook niet meer; Lully was ten dode opgeschreven.

De opvolger van Lully heette Jean-Philippe Rameau. Hij specialiseerde zich in het maken van nog grotere en extravagante opera's met veel toeters en bellen. Ook deze stukken waren expliciet gemaakt voor de elite en de Franse adel. Maar het gewone volk hield natuurlijk ook van muziek en entertainment. Voor hen werd er een nieuw genre gemaakt: de zogenaamde *opéra comique*, een lichtere opera met gesproken teksten tussen de aria's door. Humor speelde een grote rol. De Franse versie dus van de opera buffa.

Klassieke opera

Oostenrijk 1756. Een muzikaal genie wordt geboren: Wolfgang Amadeus Mozart. Hij was in zijn jeugd een wonderkind die heel Europa door reisde, samen met zijn muzikale zusje Nannerl en zijn vader Leopold. Hij speelde voor alle Europese vorstenhuizen. Toen hij twaalf jaar oud was, componeerde hij al zijn eerste opera: *Bastien und Bastienne*. Dit stuk was helemaal gemaakt volgens de toen geldende regels van de opera seria. Mozart groeide op en maakte al snel geheel eigen opera's die hun tijd ver vooruit waren.

Mozart was een van de eersten die opera's in zijn eigen taal, het Duits, componeerde. Hoewel zijn opera's serieuze onderwerpen behandelen en zelfs heel maatschappijkritisch zijn, hebben ze ook heel veel humor. Zijn opera's volgen daarmee vooral de lijn van de opera buffa of het Duitse Singspiel.

Hij werkte samen met de enorm intelligente librettist Lorenzo da Ponte. Met hem schreef hij zijn drie bekendste en belangrijkste opera's: *Le nozze di Figaro*, *Don Giovanni* en *Cosi fan tutte*. Deze drie zijn tot op de dag van vandaag de meest uitgevoerde opera's van Mozart. Zijn laatste opera *Die Zauberflöte* schreef hij samen met zijn vriend Schikaneder voor het Volkstheater in Wenen. Dit stuk staat bol van de symboliek van de vrijmetselarij. Maar tegelijkertijd zijn de melodieën van de aria's en de koren geschreven als tophits, zodat het gewone publiek dat naar het Volkstheater kwam meteen mee kon zingen en kon lachen om de dwaze verwikkelingen in deze opera.

Mozart componeerde in de tweede helft van de achttiende eeuw, in de periode van het classicisme. De term 'klassieke muziek' is ontleend aan deze tijd. Andere vertegenwoordigers van dit genre zijn Beethoven en Haydn. Zij gebruikten minder versieringen dan componisten uit de barok; de begeleiding was minder ingewikkeld. Het ging vaker om mooie akkoorden met een melodielijn. De harmonie was meer ondersteunend dan complex. Componisten schreven meer dynamische tekens op en er werden steeds meer nieuwe instrumenten uitgevonden. De orkesten werden meer en meer uitgebreid. Het nieuwste instrument, ontwikkeld uit het klavecimbel, was de piano. Een piano heette eigenlijk in die tijd nog *pianoforte*. Dat wil zeggen dat het toetsinstrument hard (forte) en zacht (piano) aangeslagen kon worden.

Het geheugen van een soort superman

In 1638 componeerde Gregorio Allegri zijn *Miserere*. Dat vond het Vaticaan zo prachtig dat het stuk alleen nog maar gezongen mocht worden door het koor van de Sixtijnse Kapel. Het stuk mocht niet naar buiten. Er werden geen kopieën gemaakt en er gold een verbod om het buiten de kapel te zingen. Wie iets van de muziek naar buiten bracht, waagde het geëxcommuniceerd te worden.

Toen de adolescente Mozart samen met zijn vader op visite in Rome was, bezochten ze natuurlijk ook de Sixtijnse Kapel. En toen zong het koor net het *Miserere*. Mozart hoorde het en terug in de kamer waar ze verbleven, schreef hij het meteen op vanuit zijn geheugen. Toen Mozart daarna op audiëntie mocht komen bij paus Clemens de Veertiende, speelde hij het stuk voor en liet hij zijn eigen geschreven versie zien. Gelukkig was deze paus heel erg onder de indruk van het genie van de jonge Mozart, en werd hij niet uit de kerk gegooid.

Ook al was Mozart geniaal en gelden zijn opera's als hoogtepunten in de operageschiedenis, zijn leven liep niet altijd op rolletjes. De muziek werd goed ontvangen, maar hij kreeg ruzie met zijn geldschieter, de aartsbisschop van Salzburg. Daarna was Mozart afhankelijk van de gunsten van de Oostenrijkse keizer en de opbrengst van muzieklessen die hij gaf. Hij verdiende nooit meer een vast inkomen. Hij werd een soort zzp-er. En zoals vaak met kunstenaars leefde hij er liederlijk op los zonder veel verstand van geld te hebben. Hij maakte veel schulden. Toen zijn vader stierf in 1787 was dat een klap voor Mozart. Daarnaast had hij niet het gewenste succes met *Don Giovanni*. Hij werd wel aangesteld als keizerlijk huiscomponist. Het salaris was echter niet toereikend genoeg om zijn schulden af te betalen. In 1790 werden zijn financiële omstandigheden gelukkig beter, maar zijn gezondheid verslechterde. Terwijl hij componeerde aan zijn *Requiem* overleed Mozart in november 1791 op vijfendertigjarige leeftijd. Hij werd arm en berooid in een massagraf begraven.

Wat zou hij nog meer gecomponeerd kunnen hebben als hij oud zou zijn geworden, vraag ik me altijd af.

Twee jaar voor zijn dood brak in Frankrijk de Revolutie uit. Dit zou een nieuw tijdperk inluiden: de romantiek.

Wolfgang Amadeus Mozart

Candlelight dinner?

Mensen denken vaak bij romantiek aan een dinertje bij kaarslicht. Of aan een banner achter een vliegtuigje met daarop geschreven: IK HOU VAN JOU. Maar echte romantiek heeft daar niets mee te maken. De romantiek is een stroming die de hele negentiende eeuw beslaat en dat was dan weer een eeuw die geschiedkundig gezien veel langer duurde dan honderd jaar. Eigenlijk begint de negentiende eeuw in 1789 met de Franse Revolutie en eindigt ze in 1914 met het begin van de Eerste Wereldoorlog. Dit heb ik zelf niet verzonnen, hoor. Ik hoorde het de historicus Maarten van Rossum zeggen bij het avondeten tijdens de opnames van *De slimste mens*.

De kunstuitingen van de romantische muziek begonnen in Duitsland met de ontwikkeling van de liedkunst. Schubert, Schumann en Brahms schreven muziek onder poëzie die in huiskamers werd uitgevoerd. De teksten gingen over een verlangen naar liefde die niet vervuld kon worden. Het wandelen door bossen en wegkwijnen onder de hunkering naar een onbereikbare geliefde was leidend in deze muziek.

De ontwikkeling van Duitse romantische opera vond vooral plaats in de tweede helft van de negentiende eeuw. En dus bleef Italië het grote middelpunt van de operapraktijk. En de grote roerganger toen was de componist Gioacchino Rossini.

Mijn haat-liefdeverhouding met Rossini

Iedereen die mij als operazangeres goed kent, weet dat ik Rossini een heel moeilijke componist vind om van te houden. Ik heb eigenlijk een beetje een hekel aan zijn opera's in het geheel. Ik kan er nooit een helemaal uitzitten. Er zitten te veel van hetzelfde soort aria's in, vol versieringen en coloraturen. De aria's eindigen muzikaal ook altijd op dezelfde manier. De verhalen zijn voor mij te ingewikkeld en ik vind ze vaak flauw en niet dramatisch genoeg.

Er zijn gelukkig een paar prachtige aria's die ik graag hoor, zoals 'Una voce poco fa' en 'Largo al factotum' uit zijn *Barbier van Sevilla*. Denk maar eens aan heel mooie, grote chocoladebonbons: één of twee zijn heerlijk om te eten, maar werk een doos van vijf kilo naar binnen en je ligt over te geven in de wc.

Er is trouwens één stuk dat ik wel in zijn geheel prachtig vind. En dat is zijn *Petite messe solennelle*. Ik heb dit vaak mogen zingen. In Zwitserland gaf het publiek me een groot compliment: het liet weten dat mijn katholieke afkomst hoorbaar was. Zo heilig stond ik het te zingen. Daarnaast vind ik het hoofd van Rossini ook heel leuk om te zien. Toen ik hem portretteerde op mijn tekenles ging ik echt van zijn kop houden.

Misschien begrijp je mijn ambivalentie en kun je meteen zien dat een operazanger niet alle opera's per se mooi hoeft te vinden. Het is soms gewoon een kwestie van smaak. Maar dat neemt niet weg dat Rossini in de muziekgeschiedenis wordt beschouwd als een van de meest briljante operacomponisten. Zijn beroemdste opera's zijn *Il barbier di Siviglia*, *Guglielmo Tell* en *l'Italiana in Algeri*.

Rossini is samen met Bellini en Donizetti de vertegenwoordiger van het belcanto. Ik wijd hier in het 'Intermezzo' een apart hoofdstuk aan. Maar wat ik alvast kan zeggen is dat deze manier van zingen in de opera weer meer de nadruk legt op versieringen en de schoonheid van de stem. Zo zien we in de operageschiedenis elke keer een golfbeweging waarbij de nadruk steeds verschuift van het drama naar de zangstem en de virtuositeit.

Rossini zou in de belcantostijl voornamelijk komische opera's schrijven. Zijn opvolger, Vincenzo Bellini, verfijnde het belcanto en schreef voornamelijk tragische opera's.

Gioacchino Rossini

Tournedos Rossini

Er zijn heel veel anekdotes over Rossini. Het was een kleurrijke man met een ongezouten mening over alles en hij was al beroemd voor zijn vijfentwintigste levensjaar. En dan net zo beroemd als Justin Timberlake nu is. Fans zaten hem achterna en wilden lokjes van zijn haar afknippen, zo gek waren ze op hem.

Toen hij 39 opera's had geschreven en ongeveer 38 jaar oud was, stopte hij ineens met componeren. Hij had er geen zin meer in. Hij wilde rentenieren en lekker eten en koken en genieten van het leven. Hij had altijd al een beetje een hekel gehad aan de operawereld. De moderne wereld was angstaanjagend en hij werd geplaagd door gezondheidsproblemen. Zangers vond hij verschrikkelijk en hij had toch genoeg geld verdiend. Hij ging op bed liggen, liet zich verzorgen door zijn vrouw en begon te eten...

en te eten... en te eten. Hierdoor werd hij enorm corpulent. Zijn lievelingsgerecht werd naar hem vernoemd: de tournedos Rossini. Dat is een heel fijne mooie biefstuk met een krul ganzenlever erbovenop. Een caloriebom, maar ontzettend lekker.

Vrienden van Rossini haalden veel geld op om een monument voor de componist te laten maken. Ze vertelden hem dat ze een standbeeld voor hem wilden neerzetten. En ze hadden al 30.000 lire opgehaald. Toen schijnt Rossini te hebben gezegd: 'Geef mij dat geld maar, dan ga ik zelf wel op een sokkel staan.'

De *Petite messe solennelle* schreef hij pas tegen het einde van zijn leven. Hij kreeg hoogstwaarschijnlijk de zenuwen bij zijn naderende dood en vroeg zich af of hij wel naar de hemel mocht; hij had immers heel lang geluierd. Zodoende componeerde hij op de valreep dit religieuze werk. Ik denk dat Petrus hem met open armen heeft ontvangen bij de hemelpoort.

Nationalisme

In de tweede helft van de negentiende eeuw ging er een golf van nationalisme door de landen van Europa. Italië en Duitsland wilden hun kleine stadstaatjes en vorstendommen verenigen tot een groter land. In Frankrijk was Parijs de hoofdstad van alle kunsten; daar werd de opera doorontwikkeld naar *grand opéra* met als belangrijkste vertegenwoordiger Giacomo Meyerbeer. Hij schreef opera's die 'grand' waren in alle opzichten. Je zou deze opera's kunnen vergelijken met de spektakelfilms uit de jaren vijftig à la Ben Hur.

Andere beroemde Franse operacomponisten die bloedmooie opera's maakten die we nog steeds uitvoeren waren Gounod met *Faust*, Saint-Saëns met *Samson et Dalila*, Jules Massenet met verscheidene tophits als *Manon*, *Werther* en *Thaïs*. De beroemdste Franse componist is natuurlijk Georges Bizet met *Carmen*. Deze opera zou je ook wel de eerste musical kunnen noemen, zo populair is de muziek tot op de dag van vandaag.

In Spanje wordt een eigen operavorm uitgevonden: de *zarzuela*. Dit is een soort Spaanse operette lijkend op opéra comique of het Duitse Singspiel. Ze heet zarzuela omdat ze vernoemd is naar het jachtslot La Zarzuela van koning Filips de Vierde. In dat kasteel werd de eerste zarzuela-opera opgevoerd in 1657. De nadruk ligt op satire, slapstick en puntige Spaanse muziek.

In Oost-Europa schreven componisten als Dvořák en Smêtana eigen opera's in het Tsjechisch. Opera's om eens te beluisteren zijn *Rusalka* (een Tsjechische versie van *De kleine zeemeermin*) en *Die verkaufte Braut*.

Maar het centrum van nationalisme in de muziek lag in Rusland. Daar werd er alles aan gedaan om de eigen Russische cultuur te benadrukken en zich te onttrekken aan de Franse en Italiaanse dominantie. De componisten haalden veel inspiratie uit de eigen volksmuziek, die werd gecombineerd met Russische sprookjes. Vaak waren zij autodidact en semi-amateur. Denk aan componisten als Glinka, Rimski-Korsakov en Mussorgsky. Bekende opera's uit hun pen zijn: *Knias Igor*, *Boris Godunov*, *Ruslan en Ljoedmila* en *De bruid van de tsaar*.

In Italië werd Giuseppe Verdi de belangrijkste componist van deze politieke stroming; hij verenigde met zijn opera's het Italiaanse volk. En in Duitsland stond Richard Wagner op, om plaats te nemen in het rijtje van belangrijkste operahervormers, naast Monteverdi en Gluck. Straks meer over deze twee geweldenaren.

De moderne tijd

In de operageschiedenis van de twintigste eeuw wordt het steeds lastiger om eenduidig stromingen binnen de opera aan te wijzen.

Er was nog een romantische uitloop in de Italiaanse opera

die we *verismo* noemen. Componisten als Mascagni, Cilea, Ponchielli en vooral ook Puccini maakten opera's die het 'ware' leven weergaven. De verhalen van deze opera's gaan niet over graven en gravinnen of mythische figuren, maar over gewone mensen in gewone dorpen of steden met eigen beslommeringen die heel herkenbaar zijn voor het publiek. De muziek en de verhalen zijn groots en meeslepend en heel emotioneel. Hoe waarachtiger de muziek wordt gespeeld en gezongen, des te ontroerender zijn deze opera's. Het is mijn favoriete genre en ik zing het liefst dit repertoire omdat er zoveel herkenbaar gevoel voor mij in zit.

In Duitsland werd het begin van de twintigste eeuw vooral gedomineerd door de opera's van Richard Strauss. Hij geldt als de opvolger van Richard Wagner. We noemen die periode de laatromantiek. Zijn eerste werken zijn voor het publiek heel erg schokkend. We zien vrouwen die haten en sensueel en erotisch zijn (Elektra en Salomé) en de muziek is totaal nieuw en enorm met orkesten van wel bijna honderd muzikanten. Zijn latere werken worden charmanter, minder provocerend. Maar hij vervolmaakt de stijl van Wagner en je moet als zanger van goeden huize komen om zijn muziek te kunnen zingen.

In de muziekgeschiedenis veranderde er veel in de jaren tien, twintig en dertig van de twintigste eeuw.

Debussy bracht als reactie op de grootse meeslepende muziek van Richard Wagner een heel nieuwe sound in de klassieke muziek en opera. Na het horen van de Javaanse gamelan op de wereldtentoonstelling in Parijs bij het Nederlandse paviljoen ging hij aan de slag met kerktoonladders. Hierdoor werd zijn muziek heel dromerig. De harmonieën waren totaal nieuw. Zijn enige opera is *Pelléas et Mélisande*. Die klinkt bijna etherisch en zit vol symboliek en nuances, en vormen een tegenhanger voor de mythische opera's van Wagner.

Ook Kurt Weill sloeg een totaal andere weg in. Na de verschrikkingen van de Eerste Wereldoorlog wilden de componisten af van het meeslepende karakter van opera. Het publiek moest weer leren nadenken en kritisch zijn op wat hun voorgeschoteld werd. Samen met Bertolt Brecht maakte Weill stukken die je bijna anti-opera zou kunnen noemen. De acteurs zongen wel, maar parodieerden als het ware operazangers door een gek vibrato te gebruiken. In het verhaal zaten nieuwe theatertechnieken waardoor het publiek wakker geschud werd. Ineens werd er een vraag aan het publiek gesteld, of borden toonden commentaar op de gespeelde scène. Brecht noemt dit *Verfremdungseffekten.* Weill schreef hippe muziek gebaseerd op Amerikaanse jazz en Berlijns cabaret. Zijn beroemdste lied is misschien wel 'Mackie Messer'. Later werd dit vertolkt door grote jazzmusici als Frank Sinatra en Ella Fitzgerald.

Kurt Weill

Daarna ging de klassieke muziek nog meer op de schop. De componist Schönberg kwam met moderne twaalftonige muziek en atonaliteit op de proppen. De tonen en het ritme werden als het ware lukraak door elkaar gehusseld. Er zat 'orenschijnlijk' geen logica meer in de muziek. We noemen deze muziek ook weleens heel oneerbiedig 'piep-knormuziek'.

Alban Berg zou deze techniek verfijnen. Hij schreef twee bijzonder mooi gecomponeerde atonale opera's: *Lulu* en *Wozzeck*. Als je het voor het eerst hoort is het geen makkelijke kost, maar ik verzeker je dat het fantastische verhalen zijn en als je je eraan overgeeft, zijn het geweldige stukken om te bekijken en beluisteren.

Een andere grootheid in de twintigste eeuw werd Igor Stravinsky, die zijn naam vestigde met *Le sacre du printemps*. En dat is nou net geen opera, maar een ballet. Het ballet werd door de beroemde danser Nijinsky gechoreografeerd en de muziek die Stravinsky schreef, laat zich kenmerken door nieuwe ritmes en harmonieën die de oertijd van de echte Russen moesten doen herleven. Russische thema's waren in de jaren tien van de twintigste eeuw heel exotisch. De toen beroemde impresario Diaghilev wist de meest fantastische kunstenaars bij elkaar te brengen om met zijn beroemde dansgezelschap Les Ballets Russes de mooiste en interessantste voorstellingen te maken.

De *Sacre* werd in 1913 een enorm schandaal. Het nieuwe werk ging dwars in tegen alle conventies van het klassieke ballet en de klassieke muziek. Mensen sloegen elkaar de hersens in tijdens deze uitvoering en schreeuwden zo hard naar elkaar dat de muziek bijna niet meer te horen was. Later claimden een hoop mensen dat ze bij de première waren geweest, omdat het hét evenement van de eeuw bleek te zijn geweest. Duizenden mensen waren er zogenaamd bij, hoewel er maar een paar honderd mensen in het auditorium pasten.

Stravinsky werd door dit stuk een van de grootste componisten van de twintigste eeuw. En gelukkig heeft hij ook een opera geschreven.

Deze opera heet *The Rake's Progress*. Alle moderne klanken zitten erin, maar de stijl greep terug op een ouderwetse opera à la Mozart, compleet met orkest met klavecimbel en de oude opbouw met aria's zoals ik eerder heb beschreven. Het verhaal is Faustiaans en gaat over Tom Rakewell die zijn ziel aan de duivel verkoopt. Uiteindelijk wordt hij gek gemaakt wanneer hij een kaartspel wint van de duivel. De vloek kan niet meer teruggedraaid worden; zijn geliefde Anne, die hem altijd trouw is gebleven, vindt hem vlak voordat hij sterft.

Igor Stravinsky

In Engeland componeerde de briljante componist Benjamin Britten in de tweede helft van de twintigste eeuw een aantal opera's die modern maar ook heel goed te beluisteren zijn. Britten is naast de barokcomponist Henry Purcell de grootste operacomponist van het Verenigd Koninkrijk. Zijn steeds terugkerende thema's in zijn opera's zijn: de zee, de opoffering van onschuld en de buitenstaander in een hypocriete en kleinburgerlijke samenleving. Doordat Britten homoseksueel was in een tijd waarin dat nog verboden was, is dit ook altijd een onderliggende laag in zijn voorstellingen. Hij schreef dan ook de meeste hoofdrollen voor zijn eigen partner: de tenor Peter Pears.

Zijn bijzonderste opera, die nog steeds overal ter wereld gespeeld wordt, is *Peter Grimes*. Het gaat over een zeeman die ervan verdacht wordt zijn leerjongen te hebben mishandeld en vermoord. Wij, als toeschouwers, weten dat hij dat niet heeft gedaan. Maar Peter is een ruwe, sociaal onhandige man. Hij heeft het hele dorp tegen zich in het harnas gejaagd. De enige die altijd in hem gelooft en van hem houdt is de onderwijzeres Ellen Orford. Als zij uiteindelijk in het schippershuisje van Peter een truitje vindt van de tweede scheepsjongen, die ook weer verdronken is, gelooft zelfs zij niet meer in de onschuld van Peter. Hij wordt gedwongen de zee op te gaan om zichzelf daar te verdrinken. Peter verliest zijn verstand en pleegt inderdaad zelfmoord. De spanning en de sfeer van het vissersdorp en de zee die Britten wist te schetsen in muziek zijn meesterlijk. Als het dorp in woede Peter wil lynchen, op zoek naar hem gaat en als één man zijn naam 'Grimes' scandeert, rijzen de haren je te berge. Zo angstaanjagend is deze muziek.

Benjamin Britten

Opera's in onze huidige tijd

Als laatste heel recente composities noem ik de opera's van John Adams. Hij is een vertegenwoordiger van het genre minimal music. Maar zijn muziek is ook grotendeels geïnspireerd door romantische componisten als Mahler en Wagner.

Zijn opera's behandelen thema's uit de recente geschiedenis. Zo gaat zijn bekendste opera *Nixon in China* over het eerste bezoek van de Amerikaanse president Richard Nixon aan Mao Zedong. Zijn opera *Doctor Atomic* gaat over de beroemde wetenschapper Oppenheimer die de atoombom heeft uitgevonden.

Viva Verdi!

In een boek over opera moet één hoofdstuk helemaal over Giuseppe Verdi gaan. Dat vind ik tenminste. Ten eerste omdat zijn muziek echt fantastisch is. Ik heb veel opera's van hem mogen zingen en zijn aller-allermooiste stuk is misschien wel het *Requiem*. Dat is officieel een dodenmis om uit te kunnen voeren bij een begrafenis. Maar bij Verdi is het gewoon een heel grote heilige opera geworden. Ik heb het een keer mogen zingen in Breda, en ik moet er bij wijze van spreken nog van bijkomen. Zo gaaf vond ik het om te doen.

Ten tweede omdat zijn leven en zijn persoonlijkheid prachtig zijn. Verdi is zo'n soort man waarvoor je in een tijdmachine zou willen stappen om een kopje koffie met hem te drinken. Hij was liefdevol en innemend. Hij liet een bejaardenhuis bouwen voor oude operazangers en musici, Casa Verdi, waar ze hun laatste dagen kunnen slijten. Hij was heel belangrijk voor de eenwording van Italië en schreef opera-tophits die nog steeds te horen zijn in films en reclames en die gezongen worden in voetbalstadions.

Hij werd bijna negentig jaar oud en in zijn hele oeuvre zien we de ontwikkeling van de Italiaanse romantische negentiende eeuwse opera samenkomen.

Kortom, er is van alles te vertellen over Verdi. Voor mij is hij de belangrijkste Italiaanse operacomponist van zijn tijd, en ik ben niet de enige die dat vindt.

Giuseppe Verdi

De jonge Verdi

Giuseppe Verdi wordt in 1813 geboren in Le Roncole in het hertogdom van Parma. Hij groeit op in een boerenfamilie en is dol op muziek. Wanneer hij zes jaar is, krijgt hij een spinet van zijn ouders; dat is een soort klavecimbel. Op zijn achttiende gaat hij naar Milaan om toegelaten te worden op het conservatorium. Hij doet een aantal audities, maar wordt niet aangenomen omdat de commissie zijn talent middelmatig vindt.

Verdi is heel erg teleurgesteld, maar geeft niet op. Hij probeert een positie als kerkorganist te krijgen in Busseto, een stadje vlak bij zijn geboortedorp. Zijn familie en andere bewonderaars vinden dat de perfecte baan voor Verdi, maar de pastoor in Busseto schuift zijn eigen favoriet naar voren. Dit mondt uit in grote ruzies en zelfs vechtpartijen tussen de stedelingen. De bisschop grijpt in. Hij besluit dat voorlopig er helemaal geen positie van stadsmusicus komt. Verdi zal na al dit gedoe altijd een hekel blijven houden aan de rooms-katholieke kerk. Een paar maanden later, na winst in een pianowedstrijd, zal Verdi uiteindelijk toch Maestro di Musica worden in Busseto.

Ondertussen is hij hoteldebotel verliefd geworden op de dochter van zijn privémuziekleraar Barezzi. Zij heet Margherita en is zijn eerste grote liefde. Samen worden ze enorm gelukkig. Ze trouwen en krijgen twee schattige kinderen. Verdi componeert zijn eerste opera *Oberto* en oogst een bescheiden succes. Het levensgeluk is compleet.

Maar dan slaat het noodlot toe. In drie jaar tijd sterven eerst zijn dochtertje Virginia, dan zijn zoontje Icilio en uiteindelijk zijn liefste Margherita allemaal aan de ziekte tbc. Verdi is totaal verslagen van verdriet en wil nooit meer componeren…

Het eerste grote succes

Verdi loopt somber te slenteren door Milaan. Het leven heeft geen zin. Maar dan krijgt hij bericht van muziekuitgeverij Ricordi, waar hij nog onder contract staat.

'Wanneer is de volgende opera klaar?'

Via een opera-agent wordt hem een libretto toegestuurd: een tekst gebaseerd op het Bijbelse verhaal van de Babylonische koning Nebukadnezar. Verdi neemt het boekje mee naar huis en gooit het achteloos op zijn bureau. Het boekje valt open en zijn oog valt op de volgende regel: '*Va pensiero, sull'ali dorate...*' Het betekent: 'Vlieg, gedachte, op gouden vleugels...'

Verdi leest deze tekst keer op keer en wordt erdoor gegrepen. Hij begint er een melodie op te schrijven en componeert onafgebroken door. Zo komt het beroemde Slavenkoor uit zijn eerste grote succesopera *Nabucco* tot stand. Met deze opera vestigt Verdi zijn naam als componist. Vanaf nu kan niemand meer om hem heen.

Zijn tweede grote liefde

In *Nabucco* is de hoofdrol voor een dramatische coloratuursopraan. De eerste zangeres die de rol van Abigaille vertolkt, is Giuseppina Strepponi. Deze zangeres heeft al veel faam als sopraan, maar haar verleden is een beetje schimmig. Zij zorgt er met haar geweldige stem en vertolking voor dat de opera van Verdi een succes wordt.

En hij had het niet voor mogelijk gehouden na de dood van zijn geliefde gezin, maar hij wordt weer verliefd. In Strepponi vindt hij een gelijkgestemde ziel. Zij is ook helemaal onder de indruk van de lieve, zachtaardige Verdi. Ze krijgen een relatie en zij zal zijn levensgezellin blijven tot haar dood in 1897.

Het huwelijk wordt pas na een relatie van twaalf jaar gesloten, want Verdi durft niet goed met Strepponi te trouwen. Hij is op een bijgelovige manier bang dat hij haar misschien weer zal verliezen, net als zijn geliefde Margherita. Dus gedurende de eerste verliefde jaren wonen ze samen op Verdi's landgoed in Busseto.

In Busseto werd dat samenwonen gezien door zijn stadsgenoten als een schandaal. Samenwonen is leven in zonde; en niet Verdi werd hierop aangekeken. Dat durfden de mensen helemaal niet te zeggen tegen de beroemde componist. Hun haat werd wel geuit naar Strepponi. Dat was toch maar een ordinaire zangeres. Ze werd op straat uitgescholden. Hoe durft zij, vuile slet die ze daar is, zomaar samen te wonen met de grote Maestro Verdi. Ze kan niet eens rustig naar de kerk om te bidden, maar wordt belaagd, geduwd en bespuugd.

Verdi vindt het gedrag van zijn dorpsgenoten schandalig en besluit een kapel te bouwen op zijn landgoed. Daar kan zijn geliefde rustig bidden, en ongestoord bloemen leggen bij de Heilige Maria.

Ondertussen leest hij het boek *La dame aux camelias*, geschreven door Alexandre Dumas Fils. Het gaat over een Parijse courtisane. Je zou dat ook 'een gezelschapsdame met *benefits*' kunnen noemen, of nog platter, een prostituee. Ze viert het Parijse mondaine leven met allerlei mannen die haar betalen voor haar gezelschap.

Ze heet 'de dame met de camelia's' omdat ze altijd witte camelia's op haar jurk draagt om aan te geven dat ze beschikbaar is. Vijf dagen in de maand is ze niet beschikbaar voor bezoek, en dat kan men zien aan de rode camelia's die prijken op haar decolleté. Op een groot feest waar Marguerite het middelpunt is, ontmoet ze een man die echt verliefd op haar is. Deze Armand betuigt haar zijn liefde, maar Marguerite gelooft niet dat zij echte liefde kan krijgen. Toch verlaat zij op aandringen van Armand haar leven in Parijs en gaat met hem samenwonen op het platteland.

Na een paar weken vol geluk komt ineens de vader van Armand bij Marguerite op bezoek. Armand is niet thuis en zijn vader vraagt

Marguerite om een groot offer: hij wil dat zij het uitmaakt met Armand, want de zus van Armand, een puur en onbesmet meisje, gaat trouwen. De familie kan geen prostituee in de familie hebben. Marguerite, die heel veel van Armand houdt, maar ook voelt dat zij zelf niet onberispelijk is door haar vroegere leven, geeft toe. Zij zal de relatie uitmaken en niet vertellen dat de vader van Armand dit heeft gevraagd.

Marguerite verzint een affaire met iemand anders en maakt het uit met Armand.

Armand is woest. Een paar weken later vernedert hij Marguerite op een feest waar zij met een vriendin verschijnt. Hij heeft die avond net geld gewonnen met gokken en zodra hij Marguerite ziet, 'betaalt' hij haar terug voor al haar bewezen diensten. Hij gooit haar het geld in haar gezicht. Marguerite gaat totaal verslagen naar huis en weet niet wat te doen.

Weer later, wanneer blijkt dat Marguerite aan tbc lijdt, krijgt ze een brief van de vader van Armand waarin hij om vergeving vraagt. Hij heeft te veel van haar gevraagd. Marguerite sterft alleen en vol verdriet.

Verdi ziet in de figuur Marguerite zijn twee grote liefdes samenkomen: Margherita, die ook gestorven is aan tbc, en Giuseppina, die door de maatschappij wordt gezien als een zondige figuur die je mag vernederen. Als ode aan deze twee vrouwen zal hij een van zijn mooiste opera's componeren: *La traviata*.

In *La traviata* heten de hoofdrollen Violetta en Alfredo. Verdi vond het te ver gaan om Armand en Marguerite voorgoed te scheiden. In zijn opera komt Alfredo nog wel naar het sterfbed van Violetta om het goed te maken en haar zijn liefde te betuigen. Hij gebruikt zijn muziek om de opleving vlak voor het sterven, die zo kenmerkend is voor tbc, uit te beelden. De zieke voelt zich ineens supergoed en wil bij wijze van spreken nog de stad in gaan om een borrel te halen. Zo ook bij Violetta als ze heel geëxalteerd zingt:

Gli spasmi del dolore. In me rinasce... m'agita
Insolito vigore! Ah! io ritorno a vivere. Oh gioia!

O, mijn pijn is ineens weg! Ik voel me als herboren en ik ben weer zo sterk als vroeger! Ik kom weer tot leven! O vreugde!

En dan klapt ze morsdood op de grond neer.

De ene tophit na de andere

In die tijd maakt Verdi de ene succes-opera na de andere. Ik bespreek er een paar.

Rigoletto met de beroemde tophit 'La donna mobile'. Dat is een tenor-aria die je vaak hoort bij pizza- en koffiereclames. Toen Verdi deze melodie schreef, gaf hij die pas heel kort voor de première aan de tenor die hem moest zingen. Het was de zanger verboden om de aria buiten het theater te zingen of te fluiten, want dan zou binnen no time iedereen in Milaan de melodie al kennen voordat de opera maar één keer was uitgevoerd.

Rigoletto heeft een bochel. Hij is mismaakt, maar bespot zelf de gasten van de hertog van Mantua. In de jaren vijftig had een bariton enorm veel last van die bochel. In die tijd hadden operazangers hun eigen kostuums die ze zelf meenamen naar de operahuizen waar ze moesten zingen. Op een avond schoot bij die bewuste Rigoletto de ingenaaide bochel in zijn jasje los en ging schuiven. Halverwege de voorstelling draaide hij zich naar het publiek. Niet alleen de gasten van de hertog van Mantua lachten om Rigoletto, maar iedereen in het publiek proestte het uit. De bochel was zo ver naar beneden geschoven dat het leek alsof Rigoletto een enorm dikke kont had.

Il Trovatore met de tophit 'Vedi le fosche'. Dit is een beroemd koorwerk waarin met hamers op aambeelden geslagen wordt. Wij kennen de melodie van de tandpastareclame: 'Wie poetst met Prodent, wie poetst met Prodent, die poetst zijn taaaaaanden sterk!'

La forza del destino met de ouverture als tophit. Ik begon mijn eigen voorstelling *Schandalig mooie opera* steeds met deze dreigende muziek, die je meteen het gevoel geeft van de kracht van het noodlot waaraan je niet kunt ontkomen.

Een ander super bekend stuk wordt gezongen door voetbalsupporters zonder dat ze zelf doorhebben dat ze een opera van Verdi aan het zingen zijn. Ik heb het hier over de Triomfmars uit de opera *Aïda*. Helaas kan ik het in een boek niet meteen voorzingen. Daarom heb ik voor de lezers van alle muziek die ik dit boek noem een playlist gemaakt die je kan vinden op Spotify onder de titel van dit boek. Achterin staat een code die je kunt scannen met je smartphone.

Naast de Triomfmars is een andere aria uit *Aïda* heel beroemd geworden: de openingsaria 'Celeste Aïda' van Radames die de schoonheid van zijn geliefde bezingt. Zij is een Ethiopische prinses, die als slavin aan het hof van de farao woont. Radames en Aïda zijn heimelijk verliefd. Het is een prachtige, lyrische aria die heel lastig is voor de tenor omdat hij aan het einde de hoge noot heel zacht moet eindigen – ongeveer het moeilijkste om te doen. En nadat hij gezongen is, aan het begin van de opera, duurt de voorstelling nog zo'n drie uur.

In vroeger tijden was er een tenor die de rol van Radames mocht zingen in de Scala van Milaan. En deze zanger werd door het publiek getrakteerd op gejoel en geroep na zijn uitvoering van de prachtige aria. Toen het applaus was weggestorven zette de dirigent nogmaals in voor een herhaling. Daarna was er weer veel tumult vanuit het auditorium. De tenor deed een stap naar voren, boog nederig naar zijn toehoorders en zei: 'Lieve mensen, ik zou het wel willen doen, maar we moeten de hele opera nog zingen, dus we gaan door...' Hij verwachtte dat het publiek uitzinnig zou worden en hem toch nog zou vragen te bisseren, maar het werd doodstil. Plots klonk er een stem van het schellinkje: 'Je zult de aria zingen voor ons totdat je het eindelijk goed doet!'

Leve Italië

In de negentiende eeuw begonnen in Europa verschillende landen steeds meer na te denken over het vormen van een natiestaat. Zo ook in Italië. Italië bestond uit allemaal kleine stadstaatjes en hertogdommen onder het bewind van het Habsburgse rijk met keizer Franz Jozef en keizerin Elisabeth (Sissi) aan het hoofd. De Italianen wilden een eigen land hebben en hadden een heel speciaal gevoel bij het Slavenkoor uit *Nabucco*. Zij wilden geen slaven meer zijn. Het Slavenkoor werd een officieus volkslied voor de Italianen.

Verdi schreef in meerdere opera's nauwelijks verholen steunbetuigingen voor het nationalisme in zijn land. De mensen gingen zelfs zijn naam als code gebruiken voor Victor Emanuel de Tweede die Italië probeerde te herenigen. Hij was koning van Sardinië en de partizanen riepen door de censuur van Oostenrijk-Hongarije dan altijd: 'Viva V.E.R.D.I.' Dat betekende dus eigenlijk: Viva Victor Emanuel Re D'Italia. Leve de koning van Italië. Maar de Oostenrijkers dachten dat de Italianen eer bewezen aan de componist. Verdi wist dat zijn naam zo gebruikt werd en heeft dat ook zeker goedgekeurd.

Ook in zijn opera *I Lombardi* schrijft Verdi over deze politieke ontwikkelingen. Hij werd door zijn muzikale steunbetuigingen naast een geliefde componist ook een geliefd mens in zijn land.

Van belcanto naar hoogromantiek

De muzikale ontwikkeling van Verdi is uniek. Doordat hij zo oud werd, hij sterft in 1901, beslaat hij ongeveer de hele negentiende eeuw. Dat zien we aan zijn oeuvre.

Zijn vroege werken zijn echte belcanto-opera's zoals ook Bellini, Donizetti en Rossini ze maken. Halverwege de negentiende eeuw schrijft Verdi stukken die gebaseerd zijn op goede toneelstukken van bijvoorbeeld Shakespeare. *Macbeth* is daar een voorbeeld van. De opera heeft nog belcanto-elementen, maar de muziek en de zangers hebben meer doorgecomponeerde stukken die het originele toneelstuk heel precies volgen. Hierdoor wordt het bijna spreken op toonhoogte – spannend om naar te kijken en te luisteren.

In de tweede helft van deze bijzondere eeuw ontstaat in Frankrijk het genre grand opéra en worden er opera's gemaakt waarin alles groot moet zijn. Ook de onderwerpen moeten groots zijn en plaats bieden voor veel spektakel. In deze stijl componeert Verdi een paar opera's. *Aïda* is de bekendste. Als je deze opera nog nooit hebt gezien, dan moet je echt een keer naar Italië gaan.

Elk jaar wordt dit stuk in Verona gespeeld met alles erop en eraan. Dat betekent: een heel groot koor, weelderige kostuums, grote decorstukken (denk aan enorme obelisken en piramides) en tijdens de triomfmars zijn er rijen met figuranten en dieren tot aan olifanten toe.

Na de opera *Aïda* was Verdi klaar met componeren. Hij wilde lekker boeren op zijn landgoed, rentenieren en genieten samen met zijn Giuseppina. Maar iedereen in de muziekwereld hoopte almaar dat hij toch weer een nieuwe opera zou gaan schrijven.

De jongere componist en librettist Arrigo Boïto was een van die hopende mensen. Hij bleef Verdi aan zijn hoofd zeuren om nieuwe opera's te maken. En hij stuurde steeds teksten en ideeën naar Verdi toe. Uiteindelijk hapte Verdi toe, na zestien jaar niks meer te hebben gedaan. In 1887 schreef hij *Otello*, gebaseerd op het toneelstuk van Shakespeare. Deze opera is een meesterwerk en totaal anders van stijl dan zijn vroege opera's. Je hoort een hoogromantisch doorgecomponeerd werk. Verdi gebruikt dezelfde harmonieën die Wagner als vernieuwende componist had geïntroduceerd.

Zijn allerlaatste opera schrijft hij in 1893. Ook deze is gebaseerd op een Shakespeare-stuk, *The Merry Wives of Windsor*, en is een komedie. *Falstaff* heet deze opera. Hij wordt gezien als het meest geniale stuk van Verdi. Deze opera eindigt met een fantastische fuga op de volgende tekst:

'Tutto nel mondo e burla...'
L'uom è nato burlone
La fede in cor gli ciurla,
Gli ciurla la ragione.
Tutti gabbati! Irride
L'un l'altro ogni mortal.
Ma ride ben chi ride
La risata final.

De wereld is een grote grap
Dus wees vrolijk!
Je geest is een draaiende stormwind van links naar rechts.
En iedereen kan je bespotten, of je nu dik of dun bent.
Maar uiteindelijk gaat het erom wie het laatste lacht,
want die lacht het beste!

Verdi's laatste dagen

In 1901 leeft Verdi zijn laatste dagen in Milaan in een groot mooi hotel. Hij is gevierd en gelauwerd met allerlei grote onderscheidingen. Dan wordt hij ziek en dat nieuws gaat Italië rond als een lopend vuurtje. Dit zal toch niet het einde zijn?

De hotelmanager sluit de rest van het hotel voor andere gasten. De grote maestro mag niet meer gestoord worden. Op de begane grond van het hotel komt een perskantoor te staan. Elke dag gaan er nieuwsberichten uit over de toestand van Verdi. Het verkeer buiten het hotel wordt omgeleid zodat het rustig blijft op straat.

Op 27 januari 1901 midden in de nacht krijgt Verdi een beroerte en sterft. Bij dageraad weet heel Italië van het overlijden van hun lieve Verdi. Het wordt ervaren als een nationale ramp. Bij de begrafenis een paar dagen later staan er 250.000 mensen langs de rouwstoet om Verdi een laatste eer te bewijzen. Allemaal nemen ze hun hoed af en zingen nog eenmaal eensgezind: '*Va pensiero, sull'ali dorate...*'

Hojotoho!

Mijn eerste kennismaking met de muziek van Wagner was in mijn jeugd toen ik een tekenfilm zag met Bugs Bunny in de hoofdrol. In dit filmpje met de titel *What's opera, doc?* zien we het beroemde konijn Bugs Bunny dat achterna wordt gezeten door de jager Elmer Fudd. Nou is dit in alle Bugs Bunny-filmpjes een terugkerend element, maar in dit specifieke filmpje is het verhaaltje opgezet als een mini-opera met muziek van Richard Wagner eronder. De animators gebruiken stukjes uit *Die Walküre*, *Der Fliegende Holländer* en *Tannhäuser*.

Alle theatrale elementen van een heuse Wagner-opera zitten erin. Elmer Fudd heeft een speer en een magische helm. Hierdoor kan hij het onweer en de bliksem beheersen. Bugs wil natuurlijk niet achternagezeten worden als prooi en hij verzint een list. Hij verkleedt zich als mooie vrouw met de naam Brünnhilde. Bugs kleedt zich precies als een Wagner-sopraan, compleet met gevleugelde helm, blonde vlechten langs de schouders en zittend op een enorm dik, wit paard. Zodra Elmer deze schone vrouw ziet, wordt hij enorm verliefd. Elmer verleidt de schone dame en samen zingen ze een heel lang en mooi liefdesduet. Hierbij klinkt een deel uit de ouverture van *Tannhäuser*. Toen ik dat hoorde, was ik meteen verkocht. De muziek is heel sprookjesachtig en heeft een pulserend ritme, komt en gaat in golven en eindigt in een enorm hoogtepunt. Dat illustreert heel mooi de gevoelens van een verliefd paar.

Uiteindelijk komt Elmer erachter dat de vrouw die de liefde in hem deed ontbranden toch Bugs Bunny is. Hij ontsteekt in woede en richt met zijn speer en magische helm een groot onweer aan. Bugs Bunny wordt getroffen door de bliksem en is dood. Meteen heeft Elmer spijt. Hij rent naar het konijn, tilt Bugs innig bedroefd op en loopt weg in de verte.

Dan wordt Bugs wakker. Hij draait zijn hoofd naar het publiek en zegt heel droog: 'Wat had je dan verwacht bij een opera… een gelukkig einde?'

Dit filmpje laat ik heel vaak zien als ik iets over Richard Wagner wil vertellen. Het is een heel geestig klein opstapje naar de enorme wondere en ingewikkelde wereld van deze controversiële, belangrijke componist.

Genie en vernieuwer

Richard Wagner werd geboren op 22 mei 1813 te Leipzig. En dat is heel toevallig ook het geboortejaar van Giuseppe Verdi. Dit is hun enige overeenkomst, want verder zijn zij de meest verschillende persoonlijkheden die je je maar kunt voorstellen. Als je je Verdi voorstelt als een schattige lieve dot, neem dan van me aan dat Wagner een enorme lul was. *Excusez les mots*. Richard Wagner was arrogant. Hij vond zichzelf een godsgeschenk op aarde en was volkomen overtuigd van zijn eigen genialiteit.

Wagner was onuitstaanbaar voor zijn omgeving, maakte schulden en cultiveerde antisemitische overtuigingen. Hij hield zich bezig met politiek en schreef controversiële geschriften over allerlei onderwerpen, waardoor hij vaak in de problemen raakte en moest vluchten naar andere steden – of zelfs andere landen. Kortom: een vervelende, moeilijke man.

Maar tegelijkertijd was hij de belangrijkste vernieuwer van de gehele operapraktijk in zijn tijd. Zijn opera's behoren tot de grootste scheppingen ooit door een mens gecreëerd. Het zijn monumentale theaterwerken, bedoeld om de opera tot zijn uiterste grenzen te laten gaan. En al zijn inventieve ideeën hebben vele componisten na hem geïnspireerd en beïnvloed.

Volgens Wagner was opera de hoogst denkbare vorm van kunst. Door de combinatie van drama, poëzie, muziek en visueel spektakel kon je je publiek een totale belevenis bieden. En deze belevenis, vond Wagner, moest en zou de mens naar een hoger plan in zijn bestaan moeten brengen. Voor deze totaalbeleving bedacht hij een term: *Gesamtkunstwerk*.

Richard Wagner

Totale kunst

Wagner hoorde muziek van Beethoven en wilde ook een briljante componist worden. Hij vertelde altijd dat hij autodidact was en zelf al die schitterende, geniale muziek had leren schrijven. Hij hield graag de mythe van zijn genie in stand. Maar hij had gewoon een muziekopleiding gevolgd aan de Universiteit van Leipzig.

In zijn eerste jaren schreef hij een paar opera's die weinig succes oogstten. Hij werd verliefd en trouwde met een zekere Minna. Daar had hij slaande ruzie mee, beginnende op hun trouwdag. Hun moeilijke, conflictueuze huwelijk zou dertig jaar duren.

Doordat Wagner veel vijanden maakte met zijn extreme denkbeelden, en tegelijkertijd ook nog schulden had, moest hij steeds uitwijken voor Jan en alleman die hem op de hielen zaten. In 1839 had hij het zo bont gemaakt dat hij samen met Minna via Noorwegen en Londen naar Parijs vluchtte. Deze lange, stormachtige bootreis, waarbij Minna bijna overboord sloeg, was de inspiratie voor zijn eerste grote operasucces *Der Fliegende Holländer*.

Wagner was al aan het bedenken hoe opera vernieuwd zou kunnen worden. Hij wilde zijn eigen teksten gaan schrijven en afrekenen met losse aria's, duetten, terzetten en ensembles. Nee, hij zou de muziek doorcomponeren. Ze moest klinken als een oneindige melodie. Al deze nieuwe denkbeelden goot hij in een alomvattende opera. Dit werk is zijn belangrijkste compositie en de langstdurende opera uit de hele operageschiedenis: *Der Ring des Nibelungen.*

Mathilde

Gedurende een verblijf in Zwitserland, waar hij in rust wilde werken aan zijn grote tetralogie (vierluik) *Der Ring des Nibelungen*, mocht hij samen met zijn vrouw verblijven in het buitenhuis van de textielhandelaar Wesendonck, een heel rijke man die de Wagners financieel zou gaan onderhouden als een echte mecenas. Wesendonck was getrouwd met Mathilde en zij was idolaat van de muziek van Richard Wagner.

Als Wagner en Mathilde elkaar ontmoeten, worden ze op slag hoteldebotel verliefd op elkaar. Ze consumeren deze liefde niet, want ze zijn allebei getrouwd, maar ze verlangen zoveel naar elkaar dat ze allerlei dingen voor elkaar gaan maken. Mathilde schrijft wilde, geëxalteerde liefdesgedichten en Wagner zet haar teksten op muziek. Omdat ze niet met elkaar naar bed kunnen, gooit Wagner al zijn passie in deze muziek. Hij zal de melodieën als voorstudie gebruiken om een nieuwe opera over onbereikbare liefde te schrijven. Hij stopt met werken aan de *Ring* en schrijft dan 'even tussendoor' de opera *Tristan und Isolde*.

Dit verhaal gaat over de prinses Isolde die moet trouwen met koning Marke. Ze wordt per boot naar de koning gebracht door de ridder Tristan. Een liefdesdrank doet de liefde in hen ontbranden. Tristan wordt uiteindelijk vermoord. Vol verdriet stort Isolde zich op zijn lichaam en ondergaat de liefdesdood om zo herenigd met hem te worden.

Wagner schreef zelf de tekst. Hij moet het mythische liefdespaar dat niet voorbestemd is voor elkaar hebben gezien als metafoor voor zijn situatie met Mathilde Wesendonck. De liefdesdood die Isolde zingt is een prachtig lang stuk dat opgebouwd is als de liefdesdaad. Je hoort in de muziek een fantastische gepassioneerde opbouw die culmineert naar een enorm hoogtepunt. Eigenlijk laat Wagner muzikaal zien hoe een orgasme is opgebouwd. Het publiek had meteen door hoe de vork in de steel zat; kinderen werden dan ook niet toegelaten bij deze opera.

Wagner verandert de gehele harmonieleer

Tristan und Isolde ging in première in 1865 en was een grote sprong voorwaarts. Dit werk bracht de harmonie tot buiten de bestaande grenzen. De hele klankwereld van deze opera is samengevat in het eerste akkoord, het beroemde Tristan-akkoord. Het maakt deel uit van een leitmotiv (over leitmotiven praat ik verderop wat uitgebreider) die de liefdesdrank voorstelt. En vanuit dit akkoord kan Wagner naar elke toonsoort moduleren die hij maar wil hebben.

Klassieke harmonieleer is voor de komst van Wagner volkomen duidelijk. Er zijn majeur- en mineurtoonladders, en als je wilt wisselen van het een naar het ander, dien je je aan vaste regels te houden.

Je kunt de structuur van een compositie vergelijken met reizen. Vanuit Nederland naar België reizen is eenvoudig. Deze landen liggen immers naast elkaar. Je blijft even in België, waar een paar dingen anders zijn, maar toch ook veel hetzelfde, en dan ga je weer terug naar Nederland. Zo werkt het in de klassieke harmonieleer. De compositie begint in een bepaalde toonsoort. Daarna moet je naar een toonsoort reizen die bij de eerste past. Je maakt er een variatie in en uiteindelijk reis je weer terug naar de eerste toonsoort.

Wagner laat deze regels helemaal los. Hij bevrijdt als het ware de klassieke harmonieleer en opent de deuren naar de moderne muziek. Door het Tristan-akkoord kun je ineens naar elke toonsoort reizen die je mooi vindt. De toonsoorten hoeven niet per se bij elkaar te horen. Dus je kunt plotseling van Nederland naar Spanje gaan, van Spanje naar Noorwegen en ten slotte overspringen naar Zuid-Amerika. Het is helemaal niet gezegd dat je ooit weer terug zal komen in Nederland.

Zo componeert Wagner. Hij opent de klankwereld in de muziek en reist tussen allerlei verschillende toonsoorten om zo totaal nieuwe muziek te creëren.

Bayreuth

Bij de visie van het Gesamtkunstwerk hoorde nog een belangrijk onderdeel. Wagner wilde heel graag een eigen plek hebben waar hij zijn creaties aan het publiek op zijn manier kon laten zien en horen. Alleen kost een theater bouwen enorm veel geld en dat had Wagner niet. Sterker nog, hij zat altijd in de schulden.

Dan gebeurt er in 1864 iets heel wonderlijks. Wagner heeft in heel Europa fans. Deze mensen houden van Wagner op het hysterische af. Een van hen was een koning in de stadstaat Beieren. Zijn naam was Ludwig de Tweede. Over hem is een fantastisch mooie film gemaakt door Luchino Visconti. Als je meer wilt weten over deze bijzondere koning raad ik je aan deze film te bekijken. Hij heet, heel toepasselijk, *Ludwig*. Het is echt zo'n schitterend operatesk kostuumdrama en Romy Schneider speelt daarin nog voor de laatste keer de rol van Keizerin Sissi.

Ludwig II hield enorm van mythen en sagen. Hij wordt dan ook 'de sprookjeskoning' genoemd. Hij bouwde op zijn landgoederen allerlei sprookjeskastelen. Neuschwannstein is het beroemdste kasteel. Het stond model voor het Doornroosje-kasteel in de Disneyland-parken. Toen Ludwig jong was, had hij een innige vriendschap met zijn adjudant. Ze reden samen paard, lazen poëzie en speelden scènes uit opera's van Wagner na. Ludwig vond het helemaal heerlijk om in een grot te varen in een boot die de vorm had van een zwaan. Zo waande hij zichzelf de graalridder Parsifal. (In die nagebouwde grot had hij trouwens elektrisch licht laten aanbrengen. Hij was ongeveer de eerste koning met deze moderniteit).

Ludwig was zo idolaat van Wagner dat hij hem in 1864 uitnodigde in München. Hij wist dat Wagner financieel aan de grond zat, vereffende alle schulden voor hem en beloofde hem een royaal salaris. Nu kon Wagner eindelijk beginnen met de bouw van zijn eigen theater. Hij had al een plek gevonden in het stadje Bayreuth in Beieren.

Het operagebouw werd uitsluitend ontworpen voor opera's van Wagner. Hij bemoeide zich dan ook overal mee. Voorheen werden opera's opgevoerd in theaters waarbij het orkest voor de bühne of op het toneel stond. In het auditorium was meestal het licht gewoon aan. Er werd wel geluisterd naar wat er gebeurde op het toneel, maar het publiek was niet altijd heel stil. Er werd gegeten en gedronken. In kleine loges kon men elkaar privé ontmoeten voor van alles en nog wat (lees: seks) en in de zaal werden zakelijke besprekingen gehouden. Het operahuis was een ontmoetingsplek met licht en verwarming en prachtig entertainment.

Wagner wilde dit absoluut niet hebben in zijn theater. Opera was te hoge kunst om verstoord te worden door het gewone gepeupel. Men moest aandachtig luisteren naar wat hij had geschreven, gecomponeerd en bedacht. Zijn opera's moesten de mensen verheffen. Het orkest werd onder het toneel geplaatst, in de 'bak'. Zo waren de muzikanten bijna onzichtbaar en kon de muziek ongestoord de zaal in gaan. In de zaal werd de verlichting uitgedaan. Het publiek zat in het donker en kon ongestoord kijken naar wat er op het toneel gebeurde. Tijdens de uitvoering mocht er niet gesproken worden. Geluid maken was uit den boze. De toeschouwers moesten helemaal in het drama en de muziek getrokken worden, zonder afleiding, om zo te kunnen opgaan in een spirituele transcendente beleving van het Gesamtkunstwerk. Het theater was religieuze en spirituele beleving.

In de ban van de Ring

Wagner had eindelijk zijn Festspielhaus. En hij was weer verder gaan werken aan zijn magnum opus *Der Ring des Nibelungen.* Deze opera is uniek. Je kunt hem het beste vergelijken met *The Lord of the Rings* van Tolkien. Ook dat boek gaat over tovenaars en een magische ring die iedereen vervloekt die hem in handen heeft. Tolkien had net als Wagner zijn inspiratie gehaald uit oude Noorse mythische verhalen.

Wagners *Ring* bestaat uit vier opera's. Samen duren ze zo'n twintig uur! Dus je moet wel een lunchpakket meenemen als je ernaartoe gaat. De opera's worden uitgevoerd op vier achtereenvolgende dagen, en het liefst in het Festspielhaus te Bayreuth.

Het componeren nam dertig jaar van Wagners leven in beslag en de première was in 1876. In die dertig jaar ontwikkelde Wagner steeds nieuwe zienswijzen op zijn kunst. Dit had ook invloed op de creatie van de *Ring*. In periode waarin Wagner aan *Siegfried* werkte, was hij een hele tijd gestopt met het componeren aan de *Ring*. Hij schreef eerst een paar andere opera's. Pas na twaalf jaar ging hij verder met de *Ring*. Hierdoor zijn er verschillen in de kwaliteit en stijl van de muziek. Ook kan het verhaal soms verwarring oproepen.

Wagner bedacht de mythe zelf, maar baseerde zich op middeleeuwse mythen en sagen uit de Noorse en Germaanse cultuur. Dat leidde tot een fantastisch verhaal over een gouden ring, draken, incestueuze relaties, en een grote held en heldin; echte fantasy, maar soms ook net een soapopera vol ruziënde menselijke personages. Met dit stuk wilde hij de totale geschiedenis van de wereld vertellen, plus alles daaromheen. (Hoe bedoel je megalomaan?)

Ik ga proberen (hoewel dat eigenlijk bijna niet te doen is) heel kort de inhoud van de vier opera's te vertellen.

Das Rheingold (vooravond)

Drie jonge mooie vrouwen, de dochters van de Rijn, wonen op de bodem van de rivier. Zij zijn een soort aquatische Andrew Sisters. Zij hebben één taak: het beschermen van het Rijngoud. Dan komt er een spuuglelijke kleine dwerg met de naam Alberich. Hij wil met de mooie meiden naar bed. Ze lachen hem uit. Hij wordt zo woest dat hij de liefde afzweert en meteen het goud jat. Hij gaat terug naar huis en maakt van het goud een prachtige magische ring die absolute macht geeft.

Ondertussen heeft oppergod Wotan twee reuzen opdracht gegeven een mooi kasteel te bouwen voor alle goden in het Walhalla. Hij heeft alleen geen geld om ze te betalen. Als Wotan hoort dat er een gouden ring is bij de Nibelungen, steelt hij de ring van Alberich en geeft die aan de twee reuzen. Eén reus is zo verblind door de magische kracht van de ring dat hij zijn broer vermoordt zodat hij de ring helemaal voor zichzelf heeft. De vloek is begonnen.

Wotan (die getrouwd is met de godin Fricka), gaat naar de aarde en krijgt met de godin van de aarde Erda negen dochters die de Walküren worden genoemd. Zij moeten het kasteel in het Walhalla verdedigen en beschermen.

Ondertussen krijgt Wotan ook nog eens twee mensenkinderen (hij zit niet stil): Siegmund en Sieglinde. Broer en zus raken jong van elkaar gescheiden, groeien op en vergeten elkaar. Sieglinde trouwt met een man, Hunding, die een boom met een zwaard erin in zijn huis heeft staan. Siegmund is aan het backpacken door de wereld.

Die Walküre (eerste dag)

We beginnen dit verhaal met de binnenkomst van Siegmund in het huis van Sieglinde en haar man Hunding. Siegmund zoekt een soort jeugdherberg, moe van het backpacken. Hij ontmoet Sieglinde. Ze herkennen iets in elkaar, maar weten niet wat, raken vreselijk verliefd op elkaar en vluchten weg uit het huis. En passant pikken ze het zwaard mee dat per ongeluk was achtergelaten door Wotan in die boom.

Hunding is natuurlijk helemaal over zijn toeren door dit overspel. Hij vermoordt Siegmund en vernietigt het zwaard.

De oudste Walküre (dus een dochter van Wotan) heet Brünnhilde. Zij neemt het op, tegen de wens van haar vader, voor Siegmund. Het lukt haar niet Siegmund te redden, maar ze geeft de stukken van het zwaard terug aan Sieglinde.

Wotan is razend dat zijn dochter tegen hem is ingegaan. Hij tovert haar in een diepe slaap en legt haar neer in een ondoordringbare ring van vuur. Ze mag er pas uit als ze zich weet te gedragen.

Siegfried (tweede dag)

In de tussentijd is Sieglinde in verwachting geraakt van haar broer Siegmund. Ze baart een zoon, die ze Siegfried noemt. Hij wordt opgevoed door de broer van de dwerg Alberich. Deze dwerg heet Mime en hij helpt Siegfried met het maken van het kapotte zwaard. Mime lijkt een leuke vent, maar eigenlijk doet hij alles om in het bezit te komen van de magische ring. (O ja, die was er ook nog.)

Een klein vogeltje fluistert in Siegfrieds oor dat Mime niet te vertrouwen is. Siegfried vermoordt Mime en neemt het daarna op tegen de reus uit de eerste opera die de ring nog steeds in bezit heeft. Deze reus heeft zichzelf in een draak veranderd. Zo kan hij de ring beter beschermen. Maar Siegfried heeft het geweldige zwaard en is de held van het verhaal, dus hij verslaat de draak. Met het zwaard en de ring gaat Siegfried naar de ring van vuur en bevrijdt Brünnhilde, op wie hij meteen hoteldebotel verliefd wordt.

Dit had toch een geweldig happy end kunnen zijn van de opera. Maar niet bij Wagner. Hij schrijft nog een deel waarin alles naar de filistijnen wordt geholpen.

Götterdämmerung (derde dag)

Siegfried en Brünnhilde zijn gek op elkaar, maar Siegfried moet zijn heldenlot vervullen. Brünnhilde gaat terug in haar ring van vuur om te wachten tot hij terug zal komen. Daarna gaat alles mis. Door een toverdrank vergeet Siegfried zijn geliefde en trouwt met een ander. Brünnhilde heeft de magische ring, die allerlei figuren koste wat het kost willen hebben. Uiteindelijk wordt Siegfried vermoord en offert Brünnhilde zich op.

Door haar offer heeft Brünnhilde de vloek van de ring gebroken. Alle oude goden moeten verdwijnen en het kasteel in Walhalla gaat in vlammen op. De Rijn treedt buiten zijn oevers en slokt de gouden ring weer op. Het Rijngoud is na twintig uur muziek en epische verhalen weer terug bij de drie mooie Rijndochters.

Leitmotiv

Om in de hoeveelheid muziek en oneindige melodieën structuur aan te brengen, maakte Wagner gebruik van leitmotiven, muzikale herkenningstunes. Zo hebben ieder personage en elk voorwerp een eigen tune die steeds terugkeert in het verhaal. Ook emoties en gedachten worden met leitmotiven verbonden. Daardoor kunnen wij als publiek de personages en objecten beter muzikaal herkennen en begrijpen. Leitmotiven hebben altijd al bestaan in de muziekgeschiedenis. Maar Wagner verfijnt en perfectioneert het gebruik van deze techniek.

De laatste jaren van Wagner

De *Ring* maakte van Wagner een rijk en beroemd man. Hij had bereikt wat hij altijd had willen worden en genoot van zijn leven in luxe. Hij omringde zich graag met mensen die hem adoreerden. Eindelijk kon hij ook van zijn vrouw Minna af. Ze hadden altijd maar ruzie.

Wagner werd weer verliefd. Zijn nieuwe grote liefde heette Cosima Liszt; haar vader was de beroemde pianovirtuoos Franz Liszt. Cosima was getrouwd met de dirigent Hans von Bülow. Von Bülow dirigeerde alle opera's van Wagner en was idolaat van de componist. Toen Wagner en Cosima een affaire kregen en er kinderen werden geboren, scheidde Hans zonder wrok van haar. Hij bleef een fervent aanhanger en liefhebber van Wagner en nam hem nooit iets kwalijk. Alsof hij heel goed begreep dat Cosima verliefd werd op Wagner. Cosima zou zich haar hele leven inzetten voor de muziek van haar man.

Wagner had het nu allemaal en werd met het verstrijken van de jaren steeds excentrieker. Naar de buitenwereld toe presenteerde hij zich als een masculiene man, maar in zijn privévertrekken vond hij het heerlijk om uren in bad te liggen met allerlei geurende oliën en parfums. Hij had een kleedster ingehuurd die damesondergoed voor hem maakte van fluweel, kant en zijde. Wagner droeg dat ondergoed graag in zijn boudoir. Maar na al dat badderen en flaneren in negligé's vond hij toch nog tijd om een laatste opera te componeren.

Parsifal gaat over een ridder die op zoek is naar de heilige graal. Wagner beweerde dat hij een visioen had gekregen dat hem inspireerde voor dit stuk, een eind-negentiende-eeuwse mix van fetisjistische godsdienst, seksualiteit en rassenleer; de meest provocerende en dubieuze opera van Wagner. Sommige liefhebbers vinden dit zijn sublieme meesterwerk. Andere storen zich aan de pseudo-religie en het verscholen antisemitisme. Wagner zelf zag het stuk als een ritueel dat de wereld zou kunnen bevrijden. Hij wilde dat deze opera alleen in Bayreuth zou worden uitgevoerd.

De première vond plaats in 1882. Het was het grootste evenement van dat jaar. Wagner had zelfs een aparte entree laten bijbouwen voor Ludwig II, die uiteindelijk toch niet kwam omdat ze weer eens ruzie hadden gekregen.

De uitvoering werd omgeven met muzikale en spirituele rituelen. Die moesten het publiek het gevoel geven dat het bij een soort heilige operakerkdienst aanwezig mocht zijn. Helaas lukte het niet altijd om deze eerbiedige sfeer vol te houden. Je hebt toch te maken met mensen die met elkaar iets op het toneel proberen te maken. Bij een van de voorstellingen van *Parsifal* belandde de opgezette zwaan die door Parsifal wordt 'doodgeschoten' per ongeluk op het hoofd van een koorlid, dat bewusteloos raakte door de klap. Zal je altijd zien.

Wagner werd ouder en kreeg steeds meer lichamelijke klachten. De winters bracht hij graag samen met Cosima en de kinderen door in Venetië. In het laatste jaar van zijn leven had hij nog wel een affaire met een Engelse sopraan die ook op visite wilde komen in Venetië. Cosima had daar helemaal geen zin in, en maakte vreselijke ruzie met Wagner. Aan het eind van de ruzie schijnt Cosima aan de vleugel te zijn gaan zitten. Ze speelde woest een stuk van haar vader. Wagner, die gebrouilleerd was geraakt met Franz Liszt (hij had bezwaar gemaakt tegen het huwelijk van zijn dochter met Wagner), vatte haar spel op als een belediging. Op dat moment kreeg hij een hartaanval en stierf. Dat had Cosima natuurlijk niet gewild. Ze schijnt vierentwintig uur lang aan het dode lichaam van haar geliefde Richard gehangen te hebben.

Wagner werd vanuit Venetië overgebracht naar Bayreuth om daar begraven te worden. Voor Wagnerianen is deze plek een soort bedevaartsoord geworden. Jaarlijks worden nog steeds zijn opera's uitgevoerd in Bayreuth. Het is ontzettend moeilijk om een kaartje te krijgen. Men zegt weleens dat je voor je geboorte moet reserveren, wil je op je dertigste aan de beurt zijn om een voorstelling mee te mogen maken.

Wagner zal in de muziekgeschiedenis altijd een controversiële figuur blijven. En wat we ook van hem mogen vinden als mens, met al zijn politieke vreselijke en abjecte ideeën, zijn muziek was buitengewoon en hij had een grote betekenis voor de opera.

Anna Russell

Ik heb nog een kleine tip voor mensen die meer willen weten over *Der Ring des Nibelungen*, maar geen zin hebben om twintig uur in het theater te zitten. Er bestaan opnames van een geweldige zangeres en comédienne: Anna Russell. Zij maakte in de jaren vijftig, zestig en zeventig komische voorstellingen over zang en muziek en werd vooral beroemd met een sketch van twintig minuten waarin ze de hele inhoud van Wagners *Ring* vertelt via door haarzelf gezongen fragmenten. Ze doet dit met zoveel kennis en humor dat je als publiek onmiddellijk snapt hoe het stuk van Wagner in elkaar zit, maar ook meteen de relativering krijgt die heerlijk is bij zo'n megalomaan werk. Van haar heb ik de term aquatische Andrew Sisters.

Je kunt de opnames vinden op Spotify en YouTube en dan moet je zoeken op: The Ring of the Nibelungs (an Analysis) op het album *I'm Not Making This Up You Know*.

Anna Russell

Opera's die je gezien moet hebben

In dit hoofdstuk zal ik een paar opera's beschrijven die je een keer gezien en gehoord móét hebben. Zeker als je nog nooit naar de opera bent geweest, zijn het heel goede instapmodellen.

Ze duren niet al te lang: gemiddeld twee uur. En ze bevatten de meeste tophits uit de operageschiedenis. De verhalen zijn lekker duidelijk en er zijn altijd een paar vreselijk tragische sterfgevallen aan het eind door moord of de vliegende tering.

Je moet je voorstellen dat mensen vroeger nog geen tv of Netflix hadden. De opera was hun entertainment. Ze hoopten op verschrikkelijk dramatische verhalen vol liefde, jaloezie, ellende en dood, want dan viel hun eigen leven, zo bekeken, nog reuze mee. En ze konden heerlijk zwelgen in de ellende van de mensen op het toneel. Ik verzeker je dat in deze opera's de mooiste muziek te horen is die je je maar kunt voorstellen.

Carmen

Misschien is dit wel de aller-allerberoemdste opera uit de hele geschiedenis. Je zou kunnen stellen dat het een soort eerste musical was, zoveel bekende nummers zitten erin. Dit stuk is oorspronkelijk geschreven als een opéra comique. Dus het waren losse stukken muziek en liederen met daartussendoor gesproken dialogen. Later zijn er doorgecomponeerde recitatieven toegevoegd. De opera begint al heel wervelend met een fantastische ouverture waarin we als publiek meteen het gevoel krijgen dat we op een Spaanse fiësta zijn.

Toen de opera voor het eerst werd opgevoerd in 1875 vonden de meeste mensen het verhaal totaal schokkend: het draait om een geëmancipeerde vrouw die de vrije liefde propageert. Daarnaast schrok iedereen zich wezenloos van de moord die je in beeld zag gebeuren. Dat het om een crime passionel ging, was helemáál onzedelijk in die tijd. Eigenlijk had het stuk nooit het toneel op gemogen. Maar Bizet was geobsedeerd door Spanje. Hij vond het enorm exotisch en erotisch om te kunnen schrijven over een sensuele, vrijgevochten vrouw. Door het Spaanse thema kon Bizet lokale dansen verwerken als de seguidilla en de habanera.

In het boek van Prosper Merimée waarop de opera is gebaseerd, wordt het dramatische verhaal vanuit het oogpunt van don José verteld. Hij staat op het punt terechtgesteld te worden omdat hij zijn grote liefde heeft doodgestoken.

De opera begint op een plein in Sevilla bij een sigarettenfabriek. De bloedmooie zigeunerin Carmen werkt daar en komt in de pauze naar buiten. Daar staan wat soldaten op wacht. Een van hen is don José. Carmen zingt de habanera en flirt met wie ze wil. Don José negeert haar, maar is toch stiekem geïntrigeerd door haar. Dan gaat Carmen in gevecht met een ander fabrieksmeisje en wordt gearresteerd. Don José moet haar bewaken. Carmen verleidt José van achter de tralies en hij helpt haar te ontsnappen. Hierdoor wordt José medeplichtig; ook hij is dus nu voortvluchtig.

Carmen neemt José mee naar haar bende van smokkelaars. Hij wordt steeds verliefder op Carmen – op het geobsedeerde af; hij doet alles voor haar.

Op een avond in het café komt de gevierde stierenvechter Escamillo (zo'n man met een prachtig kostuum en van die roze sokken) een borrel drinken. Hij zingt een geweldig stoer lied en Carmen wil eigenlijk met hem mee. Hij is lekker rijk en beroemd, en ze wordt erg moe van de plakkerige José. Maar José heeft alles voor haar opgegeven. Hij wordt vreselijk jaloers op Escamillo en daagt hem uit in een gevecht. Maar dat haalt niks uit; Carmen laat José als een baksteen vallen. Ze verdwijnt met Escamillo.

Een tijd later is het feest in Sevilla. Escamillo zal in de arena gaan vechten met een stier, en iedereen is gekomen om hem te zien. Hij wordt onthaald als een held. Aan zijn arm loopt Carmen, die zijn nieuwe verkering is geworden. In het publiek staat de wanhopige José. Hij houdt Carmen buiten de arena staande en smeekt haar voor een laatste maal om met hem mee te gaan; hij houdt immers het meeste van haar. Maar Carmen wil niks meer van hem weten en wijst hem af. Dan wordt José woest en dreigt haar te vermoorden. Carmen pakt de ring van haar vinger die ze van José heeft gekregen en gooit die in zijn gezicht. Ze wil vrij leven, desnoods vrij sterven als het moet. Dit is het moment dat José een waas voor ogen krijgt en haar, alsof het een stierengevecht is, doodsteekt met zijn dolk. Meteen heeft hij spijt. Hij roept naar de politie hem te arresteren; het leven heeft toch geen zin meer voor hem.

Carmen is enorm geliefd bij een groot publiek. Bizet slaagt er goed in zijn muziek aan te laten sluiten bij het karakter van zijn personages. Het zijn echt mensen van vlees en bloed; wij kunnen ons direct herkennen in hun gevoelens en emoties. En de kracht, sensualiteit en vrijgevochtenheid van Carmen wordt nog duidelijker gemaakt door de toevoeging van een personage die in het oorspronkelijke boek niet voorkomt: het dorpsmeisje Micaëla.

Dit was de rol die ik zelf in drie producties heb mogen zingen. Het is geen grote rol, maar hij is enorm dankbaar omdat Micaëla een fantastisch mooi duet heeft met José en in de derde akte nog helemaal alleen op het toneel een schitterende aria mag zingen.

Dramatisch gezien is Micaëla de tegenpool van Carmen. Het is een tuttig meisje, heel devoot; ze woont in bij de moeder van don José, wacht op zijn terugkeer en hoopt dan met hem te kunnen trouwen. Zij staat voor de veiligheid van de jeugd van José. Tegelijkertijd is zij natuurlijk heel saai en niet zo lekker sexy en uitdagend als de figuur Carmen.

Ik heb Micaëla gezongen bij Opera Zuid en bij de Nederlandse Reisopera. Allebei waren het geweldige ervaringen. Maar de leukste productie was die samen met de mezzosopraan Tania Kross. Zij had de productie zelf op poten gezet en deed een kleinere bewerking van de opera waarin ze echte Spaanse flamencomusici en twee geweldige flamencodanseressen liet spelen. Ook in deze versie was ik Micaëla, maar vermomd als een tuttige mevrouw die bij het theater werkte. Je kent ze wel. Ze zijn de gastvrouwen die het publiek wegwijs maken en op het toneel vragen de mobieltjes uit te schakelen.

Ik was toen nog niet bekend van de tv, dus de volgende gimmick werkte als een trein. Micaëla is in het begin van de opera op zoek naar don José. Wij hadden dat wat uitgebreid door mij al voor aanvang in de foyer te laten lopen in het kostuum van het desbetreffende theater. Ik liep door het publiek en liet zo nu en dan een foto op mijn iPhone zien van don José, steeds vragend of iemand hem had gezien in de foyer. Ik moest hem namelijk dringend spreken. Mensen dachten werkelijk dat ik naar iemand op zoek was. Als de zaal uiteindelijk vol zat, ging ik twee minuten voor aanvang even op het toneel voor het doek het publiek toespreken met de huishoudelijke mededelingen. Telefoons uit en zo laat is de pauze. Ik nam altijd de tijd en vertelde dat ik Tania Kross al had zien lopen en dat ik dat geweldig vond omdat ik eigenlijk fan van haar was. Daarna vroeg ik aan het publiek of ze de opera eigenlijk wel kenden. Als mensen dan nee zeiden, legde ik kort uit wat de inhoud was en dat Carmen uiteindelijk dood zou gaan. Met deze miniconference had ik altijd de lachers op mijn hand. Dan wenste ik iedereen een fijne voorstelling. Het zaallicht ging uit en ik ging af. De opera ging beginnen en iedereen wachtte op Tania met de habanera. Maar de opera begint na de ouverture dus met het zoeken van Micaëla naar don José. Het doek ging op en daar zag het publiek weer die saaie theatermevrouw met de iPhone in haar hand, ditmaal aan het orkest vragend of iemand de man op de foto misschien had gezien. Ik hoorde altijd geërgerd zuchten vanuit de zaal. Daar heb je dat mens weer, waar is Tania in godsnaam? Maar zodra ik mijn eerste noten zong, steeg er een verbaasd geluid op. Ik hoorde erbij!

Nu nog komen er mensen na mijn eigen voorstellingen naar me toe die me bij die *Carmen*-uitvoeringen voor het eerst hebben horen zingen, en altijd geven ze me complimenten over hoe ik ze in de maling had genomen als theatermevrouw.

Klaverjassen

Ik heb nog een klein verhaaltje uit de oude doos van mijn ouders. Het hoort bij *Carmen.*

Mijn vader zong heel vaak de muziek van de stierenvechter Escamillo bij de vereniging Vrienden der Zangkunst. Hij zong meestal zijn Toreador-aria. Maar soms zong hij het prachtige, korte liefdesduet tussen Escamillo en Carmen 'Oui, je t'aime'.

Bij de vereniging was een zangeres die heel prachtig Carmen kon zingen, maar qua type het tegenovergestelde was van de zwoele zigeunerin. Mijn ouders ontmoetten haar voor het eerst: een mannelijke vrouw met een geruit hemd die een stevige handdruk gaf. 'Nel de Boer, lesbisch!'

Mijn moeder stelde zich vriendelijk voor en vroeg meteen: 'Kunt u ook goed klaverjassen?'

Georges Bizet

Cavalleria Rusticana

'*I am gonna make him an offer he can't refuse, okay?*' Deze uitspraak is een van de meest geciteerde zinnen uit de filmgeschiedenis en komt uit een van mijn lievelingsfilms, *The Godfather*. Het is een ultra gewelddadige film en eigenlijk kan ik daar helemaal niet goed tegen. Maar de sfeer van de maffia, de katholieke achtergrond, hoe de mensen zich gedragen, het onderhuidse gevaar en de ongeschreven 'eervolle' regels die er zijn in de Italiaanse onderwereld vind ik iets onweerstaanbaars hebben. Het lijkt enorm op opera.

De regisseur van deze films, Francis Ford Coppola, gebruikt in zijn trilogie allerlei elementen die uit de Italiaanse opera komen. Het gebruik van de wonderschone Italiaanse filmmuziek van Nino Rota, het geweldige acteren van Marlon Brando en Al Pacino en de cinematografie geven je werkelijk het gevoel dat je bij de familie Corleone hoort. Je wordt als kijker in het verhaal gezogen alsof je in een spinnenweb komt vast te zitten, waarna je met huid en haar verslonden wordt door de *godfather* zelf. Het is drama in optima forma.

In de derde film gebruikt Coppola als metafoor voor het verhaal van Michael Corleone een beroemde opera die veel met de oorsprong van de maffia te maken heeft. De *Cavalleria Rusticana* van Pietro Mascagni.

Mascagni schreef deze opera in 1891 en het is een eenakter van ongeveer een uurtje. De muziek is van begin tot het eind heel mooi en meeslepend. Mascagni zond het werk in om mee te dingen naar een prijs. In die dagen schreven muziekuitgeverijen wedstrijden uit voor componisten. Zo konden ze op zoek gaan naar nieuw operatalent en hadden ze meteen een mooie opera te pakken. Ricordi is de bekendste muziekuitgeverij van Italiaanse opera, maar er zijn er nog meer. In dit geval was het de firma Sonzogno die vroeg om een eenakter.

Mascagni hoorde pas twee maanden voor de deadline van de wedstrijd en ging snel aan de slag. Hij moest eerst een goed verhaal zien te vinden. Een vriend van hem, die aan de universiteit werkte als literatuurdocent, maakte een libretto op het toneelstuk *Cavalleria Rusticana* van Giovanni Varga. De tijd drong. Soms stuurde hij Mascagni al fragmentjes van de tekst achter op ansichtkaarten.

De componist werkte snel, maar was niet tevreden over het resultaat. Hij vond het te fragmentarisch en gooide zijn partituur onder in een la van zijn bureau. Gelukkig nam zijn vrouw op de laatste dag dat er ingeleverd kon worden de partituur uit de lade en stuurde die stiekem op. Van de 73 opera's die er dat jaar werden opgestuurd, eindigde Mascagni's opera bij de laatste drie. Uiteindelijk won hij de eerste prijs; zijn opera zou worden uitgevoerd.

De première was in 1890 voor een halfvolle zaal. Er was wel royalty aanwezig. Koningin Margherita van Italië, die enorm veel van muziek hield, zat in de zaal. Toen de tenor vanuit de coulissen zijn Siciliana begon te zingen, sprong iedereen op zijn stoel en begon te juichen. De tenor moest de aria zelfs een paar keer herhalen voordat de opera verder kon gaan. Vanaf dat moment was de opera een hit.

De stijl van Mascagni luidde een nieuw opera genre in: het verisme.

Verismo laat een soort naturalisme zien die het publiek het leven toont zoals het is. In de opera's zien we geen goden meer, geen graven en gravinnen, maar mensen van vlees en bloed met allerlei soorten problemen die het publiek herkent. Je zou het kunnen vergelijken met melodrama. Er zijn voorspelbare verhaallijnen met veel gevoelig drama. De personages zijn vaak archetypische karakters. Zo ook in de *Cavalleria Rusticana*.

Het verhaal speelt zich af in een klein dorpje op Sicilië. De ingrediënten zijn overspel, bedrog, leugen en uiteindelijk moord. Mascagni laat heel verscholen in zijn opera zien hoe de maffia in Italië in zijn werk gaat. Het gaat over mannen van eer, *uomi d'onore*, met bepaalde rituelen en regels die je moet volgen. Anders loopt het slecht met je af.

De gordijnen zijn nog dicht als we in de verte Turiddu horen zingen over zijn geliefde Lola. Lola is getrouwd met don Alfio (de don Corleone van het verhaal) toen Turiddu in het leger zat. Turiddu was erg verdrietig dat Lola niet op hem wilde wachten en zocht zijn heil bij een andere vrouw: Santuzza.

De opera begint op paaszondag. Iedereen gaat naar de kerk. Santuzza mag de kerk niet binnengaan. Ze zoekt Turiddu, want hij heeft het met haar uitgemaakt, om het weer aan te kunnen leggen met Lola. Dat is heel problematisch voor Santuzza. Ze is namelijk in verwachting en als ze niet met hem trouwt, zal ze voor eeuwig in schande blijven leven. Na een gesprek met de moeder van Turiddu, komt Santuzza hem tegen op het kerkplein. Ze probeert hem te smeken haar weer terug te nemen. Turiddu heeft echter genoeg van haar en laat haar vallen. Hierop ontsteekt Santuzza in woede en spreekt een vloek over hem uit.

Turiddu neemt het niet serieus en gaat naar Lola, die in de

kerk zit. Dan komt don Alfio voorbij. Hij is een gevierd man in het dorp en heel bemiddeld. Santuzza neemt hem apart en vertelt hem dat zijn vrouw vreemdgaat met Turiddu. Santuzza hoopt dat Alfio Turiddu terecht zal wijzen en hem zal terugsturen naar haar. Ze weet niet dat Alfio zo gekrenkt is in zijn eer dat hij het op een andere manier zal oplossen.

Later op paaszondag zien we Turiddu en Alfio in het café. Turiddu is heel vrolijk en zingt een drinklied. Maar dan komt Alfio, die hem uitdaagt voor een duel. Naar oud Siciliaans gebruik neemt Turiddu de uitdaging aan door Alfio te omhelzen. Hierop bijt hij in het oor van Alfio. Daarmee zegt hij dat hij zal vechten tot de dood. Alfio gaat weg en Turiddu gaat naar zijn moeder om afscheid te nemen. Dan loopt Turiddu het dorp uit en zien we alleen nog maar de dorpsbewoners, de moeder van Turiddu en Santuzza. Plotseling horen we gegil van achter de coulissen. Een vrouw gilt uit: 'Ze hebben Turiddu vermoord!' De eer van don Alfio is gered. Santuzza valt flauw in de armen van Moeder Lucia en het doek sluit.

Pietro Mascagni

La Bohème

Voordat de opera *Tosca* mijn hart veroverde, was *La Bohème* mijn favoriete opera van Puccini. Mijn moeder vertelde me al toen ik klein was hoe mooi zij het stuk vond. Ze had ooit een registratie op televisie gezien vanuit The Metropolitan Opera in New York. Die vond ze schitterend, vooral het moment waarop het personage Musetta het toneel op kwam. Zij kwam niet zomaar binnen, maar maakte haar entree met een koets met twee echte paarden ervoor. Mijn moeder vond het ongelooflijk dat dat kon op een toneel.

Musetta sprong uit de koets en zong haar beroemde aria 'Quando m'en vo'. Hierin bezingt ze hoe iedereen naar haar omkijkt als ze voorbijloopt, zo mooi is ze.

Mijn vader was het helemaal eens met mijn moeder. En hij had nog een reden om veel van de opera te houden, want bij zijn zangvereniging zong hij altijd de korte maar ontzettend ontroerende aria van de figuur Colline. Deze aria wordt ook wel de Jas-aria genoemd.

Colline de filosoof verkoopt zijn winterjas om medicijnen voor Mimi te kunnen kopen. Mijn vader stond dan altijd heel mooi naast de vleugel met een grote winterjas in zijn armen te zingen. Ik was klein, maar dat beeld en de mooie stem van mijn vader vergeet ik nooit. Hierdoor werd ik ook verliefd op de opera.

Toen ik zelf begon met zingen waren de aria's van Mimi ongeveer de eerste stukken die ik instudeerde. Doordat mijn stem zich nog moest ontwikkelen lagen deze lyrische stukken me erg goed. Deze opera is voor beginnende operabezoekers de fijnste opera die er is. Hij duurt niet lang. Puccini heeft aaneengesloten muziek geschreven die nooit verveelt, of langdradig is. Het verhaal eindigt dramatisch, maar is eenvoudig te volgen en goed te behappen.

Het stuk is ingedeeld in vier aktes van elk ongeveer een halfuur. Het speelt zich af in Parijs en gaat over vier verschillende jonge kunstenaars die bij elkaar op een koude, tochtige zolder wonen. Ze hebben geen nagel om aan hun kont te krabben, maar ze maken prachtige kunst. Colline is filosoof, Schaunard is musicus, Marcello is de kunstschilder van het stel en Rodolfo is dichter en schrijver. De eerste twee aktes spelen zich af op kerstavond.

Rodolfo en Marcello zijn thuis en het hout is op. Het is ijskoud op hun kamer. Ze komen op het idee een oud toneelstuk van Rodolfo als brandstof te gebruiken om zo het vuur weer aan te krijgen. Dan komen Colline en Schaunard heel vrolijk binnen. Schaunard heeft wat geld weten te verdienen door muziekles te geven. Hij heeft haringen gekocht voor het eten en hij wil zijn vrienden mee uit nemen naar het café Momus om te borrelen. Het is tenslotte Kerstmis. Rodolfo wil graag mee, maar zegt dat hij zijn vrienden later komt vergezellen. Hij moet nog een stukje schrijven voor het plaatselijke suffertje. De mannen gaan vrolijk weg. Rodolfo begint gauw met schrijven en een paar minuten later wordt er aan de deur geklopt. Daar staat een prachtige jonge vrouw met een bleek gezicht. Ze woont aan de andere kant van het gebouw en haar kaars is uitgegaan. Heeft de buurman misschien nog een lucifer? Rodolfo wil licht halen, maar dan valt de buurvrouw ineens flauw op de drempel. Hij snelt naar haar toe en haalt wat wijn om haar weer bij te brengen. Hij is erg onder de indruk van het mooie meisje en geeft haar welwillend het vlammetje. Ze gaat weer naar huis. Plotseling draait ze zich geschrokken om: ze is haar sleutel kwijt. Samen zoeken ze op de koude vloer en dan raakt Rodolfo de hand aan van het meisje. Zo voelt hij dat haar hand ijs- en ijskoud is. Dan horen we de openingswoorden van misschien wel de allermooiste tenoraria ooit gecomponeerd: 'Che gelida manina', 'Wat is je kleine handje koud'.

Rodolfo stelt zich voor, om daarna aan het meisje te vragen wie zij is. In haar eigen aria vertelt het meisje dat ze altijd Mimi genoemd wordt, maar eigenlijk Lucia heet. Ze worden hopeloos verliefd op elkaar en Rodolfo neemt haar meteen mee naar zijn vrienden in café Momus.

In Parijs zien we dan een heerlijke tweede akte bij het café.

Iedereen is in kerststemming en de vrienden drinken er lustig op los. Rodolfo stelt Mimi voor. Marcello wacht op zijn geliefde Musetta, met wie hij een knipperlichtrelatie heeft. Op dit moment is het uit en terwijl hij vertelt waarom en hoezo, maakt Musetta een grootse entree. Ze is samen met een rijke baron die allemaal pakjes en tasjes voor haar draagt die hij voor haar heeft gekocht. Musetta ziet Marcello, en om hem nog meer jaloers te maken, zingt ze haar aria 'Quando m'en vo' waarover ik eerder vertelde. Als Marcello het niet meer kan uithouden van ellende dat ze niet samen zijn, gaat hij weer op zijn knieën voor haar en samen zingen ze over hun grootse meeslepende liefde.

Ondertussen koopt Rodolfo een klein roze hoedje voor Mimi. Hiermee laat hij zien dat hij echt heel verliefd is. Uiteindelijk verlaten de vier vrienden en Musetta en Mimi het Café om thuis verder te feesten. De baron met alle pakjes en tasjes blijft ontgoocheld achter en moet ook nog de rekening betalen die de ober komt brengen.

Na deze twee aktes is het altijd pauze. Het publiek drinkt champagne en neuriet de mooiste melodieën nog na alvorens terug te gaan voor het tweede deel van de opera.

In de derde akte zijn we ineens een paar weken verder in de tijd. Het is februari en ijs- en ijskoud. Mimi loopt hoestend naar een herberg om met Marcello te praten. Rodolfo heeft het plotseling uitgemaakt, en ze snapt niet goed waarom. Marcello belooft haar te gaan praten met Rodolfo. Mimi zal zich achter een boom verstoppen zodat Rodolfo haar niet ziet.

En daar komt Rodolfo inderdaad aan. Marcello vraagt wat er in vredesnaam aan de hand is. Rodolfo vertelt dat hij het met Mimi heeft uitgemaakt, omdat hij haar niet meer wil hebben op de koude kamer waar hij woont. Hij is bang dat de tocht haar tbc zal verergeren. Mimi hoort dit en beseft voor het eerst dat ze ernstig ziek is. Meteen krijgt ze een hoestbui. Rodolfo ziet dat ze achter de boom staat. Hij snelt naar haar toe en ze hebben een gesprek over de spulletjes van Mimi, die nog op zijn kamer liggen.

Ze besluiten toch nog samen te blijven tot de lente komt. Het is te koud om elkaar los te laten.

In de vierde akte is het hartje zomer. Mimi is al een paar maanden weg en Rodolfo weet niet goed hoe het met haar gaat. Plotseling klopt Musetta aan, en daar staat Mimi doodziek voor de deur. Ze ligt op sterven. Kan ze even op bed liggen bij Rodolfo?

Colline ziet de ernst van de ziekte en gaat meteen weg om zijn jas te verkopen om zo medicijnen te halen. Musetta geeft haar oorbellen mee; misschien leveren die ook nog wat op. Haar mof geeft ze aan Mimi, die weer enorm last van koude handen heeft. Dan laten ze Rodolfo en Mimi even alleen.

De twee halen lieve herinneringen op aan hun eerste ontmoeting. Als Mimi zegt even te gaan slapen, loopt Rodolfo naar zijn vrienden. Hij heeft nog hoop. Maar Schaunard en de rest zien dat Mimi al is gestorven. Als iedereen doodstil rond haar bed staat, komt Rodolfo tot besef. Hij is zijn grote liefde kwijt. Huilend stort hij zich op de dode Mimi.

Intermezzo

Van alles en nog wat…

Belcanto

Belcanto betekent letterlijk: mooie zang. Maar het is zoveel meer dan dat. Door Maria Callas leerde ik de betekenis en schoonheid van het belcanto kennen.

Ten eerste door de opera-opnames die er van haar zijn in heel veel verschillende belcanto-opera's. Zo zingt ze in *Norma*, *La sonnambula* en *Il pirata* van Bellini, *Lucia di Lammermoor* en *Anna Bolena* van Donizetti en *Il barbiere di Siviglia* van Rossini. Hierin hoor je Callas op haar best. Ze beheerst de belcantotechniek volledig en acteert daarbij ook nog fenomenaal, wat deze opera's echt naar een hoger plan tilt.

Ten tweede is er een fantastisch interview met haar dat nog steeds te krijgen is op dvd. Ze praat eind jaren zestig met Lord Harewood, een heel chique Engelse graaf die het grootste deel van zijn carrière wijdde aan de opera. Hij schreef een paar boeken over opera en was enkele jaren directeur van het Londense operahuis Covent Garden. Hij raakte bevriend met Maria Callas en mocht haar interviewen in de beroemde *Callas Conversations*, uitgebreide interviews waarin Callas vooral vertelt over haar vak als zangeres en opera in het algemeen. Een groot deel van dat interview wordt besteed aan belcanto. Callas legt uit wat het is en wat het voor haar betekent.

Maria Callas wordt in 1923 geboren in New York als kind van Griekse ouders met de ingewikkelde naam Kalogeropoulos. Haar vader en moeder waren na het sterven van hun zoon Wassily met hun oudste dochter Jackie naar Amerika geëmigreerd om daar een nieuw leven op te bouwen. De nieuwe, makkelijker uit te spreken naam Callas hoorde daarbij. Moeder Callas was in verwachting van een nieuwe baby die het grote verlies van Wassily zou verzachten, maar het kindje blijkt helaas geen zoon te zijn. De teleurgestelde moeder wil haar dochter drie dagen lang niet zien of aanraken.

Maria groeit op in New York als een ukkelig, pukkelig, dik meisje dat zich niet bijzonder voelt. Het negatieve gevoel wordt nog versterkt door haar moeder, die niet echt naar haar omkijkt. Maar op haar twaalfde verandert dat helemaal. Moeder koopt operaplaten voor haar dochters om hun een gedegen opvoeding te geven. Maria begint mee te zingen. Terwijl ze zingt, loopt beneden de straat waarin de familie Callas woont, vol met mensen. Zo mooi moet Maria al hebben geklonken. Vanaf dat moment ziet moeder haar dochter wel staan en zweert ze dat haar dochter een beroemde zangeres zal worden.

Maria's ouders gaan scheiden en moeder Callas neemt haar dochters mee terug naar Griekenland. Daar zal Maria de zangopleiding krijgen die ze nodig heeft. Als Maria veertien jaar oud is, zingt ze voor op het conservatorium. Haar moeder zegt dat Maria zestien is; dat is de minimumleeftijd om aangenomen te worden. Dit is de eerste leugen uit de carrière van Callas. Ze wordt met vlag en wimpel aangenomen en kan gaan studeren.

Begin 1940 komt een grote zangberoemdheid lesgeven aan het conservatorium van Athene: Elvira De Hidalgo. Callas geeft zich meteen op, want De Hidalgo is gespecialiseerd in de belcantotechniek. Doordat de Tweede Wereldoorlog uitbreekt, zal De Hidalgo gedwongen zijn om in Athene te blijven. Voor Callas betekent het dat ze jaren les zal krijgen van deze pedagoge en De Hidalgo zal altijd haar grote inspirator, docent en vriendin blijven. Zij brengt Callas alles bij wat nodig is om belcanto-opera te kunnen zingen.

Belcanto is de zangstijl die ontwikkeld werd aan het begin van de negentiende eeuw in Italië. De bedoeling is dat de zanger met zijn stem zo veel mogelijk emotionele expressie bereikt door een perfecte vocale techniek te gebruiken. Dit mag niet met effect gebeuren. Dus geen overdreven snikken, zuchten of lachen. De nadruk moet liggen op de schoonheid van de klank en een briljante uitvoering in plaats van dramatische romantische uithalen en expressie. Dit laatste hoort meer bij de uitvoering van opera in de tweede helft van de negentiende eeuw en het verisme.

Bekende componisten uit de belcanto-periode zijn Bellini, Donizetti, Rossini en Spontini.

De vocale techniek omvat een aantal dingen.

De ligging en de stemkleur moeten passen bij de geschreven muziek. En je moet in staat zijn *messa di voce* te zingen. Dat is het aanzwellen op een toon en daarna weer zachter zingen op diezelfde toon. Hiervoor is enorm veel adembeheersing nodig.

Je moet verschillende soorten *portamenti* kunnen zingen. Dat is de toon meenemen ('dragen' is de letterlijke vertaling) van boven naar beneden of andersom. Hierbij gebruik je verschillende soorten vibrato.

In het gegeven tempo van een aria moet je vrij over de begeleiding heen kunnen zingen zonder dat de structuur verloren gaat. Dat noemen we 'rubato'. Rubato betekent letterlijk 'stelen'. Dus als je ergens in een maat iets langzamer zingt, dus 'tijd steelt', moet je dat later met een versnelling weer goed maken. De timing ligt heel gevoelig; je moet er veel muzikaliteit voor bezitten.

Het correcte gebruik van trillers en versieringen benadrukt de emotie. Als zanger leer je enorm veel verschillende variaties voor de aria's die je mag zingen in een belcanto-opera. Deze variaties zijn dan uitgeschreven. Het is niet zo dat je zomaar improviseert op de muziek zoals de castraten deden in de achttiende eeuw.

Maria Callas wordt de beroemdste operazangeres van de twintigste eeuw. Ze is een fantastische zangeres en tegelijkertijd een fabuleus actrice. Daarnaast leest haar privéleven als een operaverhaal.

De band met haar moeder was nooit echt goed. Op een gegeven ogenblik breekt Maria met haar. Ze ervaart alleen maar voorwaardelijke liefde van haar moeder. Haar moeder vraagt ook steeds om geld en steunt haar niet op moeilijke momenten. Als laatste geste koopt Maria een bontjas voor haar moeder. Ze zegt er meteen bij dat ze haar moeder nooit meer wil zien of spreken.

Maria trouwt één keer: met een twintig jaar oudere Italiaanse miljonair, Giovanni Battista Meneghini, die tegelijkertijd haar manager is. Hij helpt haar bij haar steeds groter wordende carrière. Maar ook bij hem raakt Maria er steeds meer van overtuigd dat het niet om haar als mens te doen is, maar alleen om haar roem en daarbij behorende rijkdom. Dit wordt versterkt op het moment dat ze hoteldebotel verliefd wordt op de allerrijkste man ter wereld: Aristoteles Onassis. Onassis zal haar in het begin van hun relatie vooral behandelen als mooie vrouw. Het zingen interesseert hem niet echt. Dit heeft ze nog nooit ervaren. Ze laat alles achter om samen verder te gaan met hem. Ze wil met hem trouwen en een gezin stichten.

Onassis belooft haar van alles, maar laat haar uiteindelijk in de steek voor de weduwe van de vermoorde Amerikaanse president John Kennedy: Jackie Kennedy. Callas verneemt dat niet van Onassis zelf, maar leest het in de krant. Dit breekt haar hart en uiteindelijk zal ze in 1977 eenzaam en alleen sterven in Parijs.

Zo tragisch als haar privéleven was, zo magisch was en is haar kunstenaarschap. Callas verandert het gezicht van de opera. We praten in de operawereld over opera B.C. en opera A.C. 'Opera before Callas and Opera after Callas.' Dat komt door haar perfectionisme en het enorme begrip van de opera's die ze vertolkt. Ze zong alle muziek die ze uitvoerde precies in de stijl die de opera's nodig hadden.

Daarnaast acteerde ze als Meryl Streep. Zo naturel en overtuigend werd over het algemeen niet geacteerd op de operabühne. Vaak stonden de zangers tijdens een aria doodstil op het toneel en gebruikten ze stereotype gebaren. Hand tegen het voorhoofd was verdriet, handen vooruit naar de tegenspeler gestoken betekende liefde, en handen over de buik of het hart was een teken dat men ging sterven. Callas deed dit allemaal niet op deze manier, maar leefde echt op het toneel.

Callas zette de belcanto-opera's terug op de kaart. Deze opera's lenen zich juist voor het ouderwetse zingen en acteren, het zogenaamde *park and bark*-zingen. Maar Callas maakte van de personages echte mensen van vlees en bloed. En als zij versieringen zong in de grote aria's gaf zij waarachtige emoties door die je als publiek ook werkelijk kon meevoelen.

Haar beroemdste belcanto rol is die van *Norma*. Deze opera van Bellini kwam uit in 1831 en was geschreven voor de beroemde zangeres Giuditta Pasta. Zij was de Maria Callas van haar tijd. Er is een beroemde Franse schrijver, Stendhal, waarnaar ook een syndroom is vernoemd. Dit syndroom kun je krijgen als je overmand wordt door te veel schoonheid en ervan moet bijkomen in het ziekenhuis. Stendhal beschrijft de stem van Giuditta Pasta en het lijkt als je het leest alsof het ook over Callas zou kunnen gaan:

> '*Pasta bereikt een even perfecte resonans op de lage toon a als op de hoge c. En ze kan net zo makkelijk klinken als een alt en als een sopraan. Ik zou willen voorstellen dat ze een echte mezzo-sopraan is, en elke componist zou in deze ligging voor haar moeten schrijven, waarbij ze zo nu en dan ook noten moeten schrijven die haar uitzonderlijke bereik benadrukken... Dit is het meest ongebruikelijke aan haar stem: het is niet allemaal hetzelfde metaal, zoals ze dat in Italië noemen (ze heeft dus veel meer kleuren in haar timbre); en deze fundamentele variëteit in de klank die dus één stem weet voort te brengen is meteen een van de rijkste aders in de muzikale expressie en artisticiteit van een grootse zangeres.*'

Terug naar *Norma*.

Je moet je bij dit operaverhaal een soort Asterix en Obelix-dorp voorstellen. Het speelt zich af tijdens de Romeinse bezetting van Gallië. Norma is een druïde, een soort kuise priesteres. Niemand in haar dorp weet dat ze een verhouding met een Romeinse centurion heeft. Ze heeft zelfs twee kinderen van hem gekregen. Norma merkt aanvankelijk niet dat ze belazerd wordt door haar geliefde Pollione met een andere hogepriesteres uit haar eigen groep druiden: Adalgisa. Zodra Norma erachter komt dat dit het geval is, vervloekt ze Pollione en dreigt ze zijn kinderen te vermoorden. Haar moederliefde overwint het echter. De strijd tussen de Galliërs en de Romeinen zal gaan beginnen. Om de goden tevreden te stellen zal Pollione opgeofferd moeten worden. Norma zal zijn leven redden als Pollione voor haar zal kiezen. Pollione weigert dat te doen. Norma heeft alles verloren. Ze is hem kwijt en heeft haar volk door haar relatie met Pollione ook verraden. Beiden zullen moeten sterven op de brandstapel. De kinderen blijven achter bij Adalgisa.

De bekendste aria uit deze opera is heel bekend. Norma zingt die redelijk aan het begin van de opera. De Galliërs willen namelijk ten strijde trekken tegen de Romeinen. Om haar geliefde Pollione te beschermen roept ze iedereen op tot kalmte. Ze zal bidden tot de godin van de maan om vrede. Hierbij roept ze de Kuise Godin aan: 'Casta Diva'.

Deze aria is het schoolvoorbeeld van een belcanto-aria. Ze begint met een *cavatina*: een rustige, langzame melodie met mooie melismatische versieringen. De orkestbegeleiding bestaat alleen uit eenvoudige arpeggio's, want de stem moet helemaal centraal staan.

Zodra de cavatina is afgelopen, volgt er een *cabaletta*. In dit deel van de aria gaat het tempo omhoog en kan de zangeres met enorm veel coloraturen en versieringen een spannend sluitstuk zingen. Er is een theorie dat het woord 'cabaletta' afstamt van het Italiaanse woord *cavallo*, dat 'paard' betekent. En dat zou dan refereren aan het pulserende ritme van een snelle galop in de muziek.

Zelf heb ik ooit met een amateur-operagezelschap de belcanto-opera *Il pirata* van Bellini gezongen. Ook daar zit een geweldige aria in met zo'n enorme cabaletta aan het einde van de opera dat ik, nadat ik alle loopjes, versieringen en hoge tonen eruit had gegooid, op dat moordende tempo, zo moe was als een paard.

Vibrato

In dit hoofdstuk wil ik eens en voor altijd duidelijk maken wat vibrato is en bepleiten dat het iets is wat bij zingen hoort.

Ik ben namelijk nog steeds kwaad over een fragment dat ik ooit zag bij het klassieke muziekprogramma *Podium Witteman*. Tegenwoordig heet het programma *Podium Klassiek*.

Op zich is dit een leuk programma waarin de klassieke muziek heel goed aan bod komt, in al zijn facetten, genres en uitvoerenden. 'Niks mis mee,' zou Olof uit *B&B Vol Liefde* zeggen. Echter, één item zorgde ervoor dat ik me voortaan altijd overal en nergens moet verdedigen over het gebruik van vibrato.

Heel even voor de mensen die helemaal niet weten wat vibrato is: vibrato is de term voor het golvende bewegen van de stem. Is de toon ontspannen, dan horen we een golfbeweging die kan variëren van een snelle tot een iets tragere golf. Het ligt een beetje aan wat de zanger voor materiaal van nature heeft ontvangen. Als de golf te veel wappert, spreken we van een wobble; dat geeft meestal aan dat de techniek of de stem niet op orde is. Hetzelfde geldt voor een te grote snelle fluctuatie van de golf. Dan spreken we vaak van een tremolo en ook dat is niet wenselijk bij gezond stemgebruik. Terug naar *Podium Witteman*.

Paul Witteman had een zangeres uitgenodigd en ze spraken over de *Matthäus-Passion*, een stuk waarin niet altijd wordt gevibreerd omdat dat in de stijl van Bach niet altijd wenselijk is. Dit heeft te maken met zijn prachtige maar ook ingewikkelde muziekcomposities waarin de stem nog iets meer onderdeel is van het orkest.

Vaak moet de stem samenklinken met andere instrumenten. Bach schrijft mooie schurende dissonanten. Als je dan niet 'strak' zingt, komt de dissonant niet tot zijn recht.

Paul Witteman komt zelf uit een heel beroemde muzikale familie: de familie Andriessen. En hij weet dan ook erg veel van allerlei soorten klassieke muziek. Maar Witteman heeft wel erg veel moeite met het genre opera. De enige opera die hij naar eigen zeggen mooi vindt is de opera *Porgy and Bess* van George Gershwin. Voor de rest vindt hij het een erg overdreven manier van zingen en hij heeft ronduit een hekel aan zangers die met vibrato zingen. Dit heeft hij meerdere malen geuit op tv en hij interviewde, naar mijn mening, beroemde operazangeressen altijd op een heel andere manier dan andere musici die te gast waren. Hij was dan meer vooringenomen en wilde steeds maar benadrukken dat opera eigenlijk minder hoge kunst was dan al de andere echt goede klassieke muziek.

De zangeres die hij te gast had is een bekende operazangeres die ook heel goed Bach zingt. Witteman vroeg aan haar of zij de beroemde aria 'Aus Liebe' even wilde voorzingen, graag een keer zonder vibrato en een keer met vibrato, want dan konden we het verschil horen. En zonder vibrato zingen was veel beter dan met vibrato zingen! De zangeres deed wat Witteman vroeg. Ze zong 'Aus Liebe' met vibrato. Het was ietwat te veel voor wat Bach nodig heeft, maar zo kon ze illustreren wat vibrato is. En daarna zong ze het geheel in de stijl van Bach zonder vibrato. Daarop riep Witteman triomfantelijk uit naar het publiek: 'Zien jullie nou wel! Zonder vibrato zingen is echt veel mooier.'

Ik was perplex. En ik vond het jammer dat ik toen nog niet bekend genoeg was om uitgenodigd te worden, want dan had ik kunnen uitleggen dat dit experiment nergens op sloeg. Dat het niet om een kwestie van smaak ging.

Ik was met Femke op een huisconcert van de vereniging Vrienden van het Lied. Wij waren als duo uitgenodigd om een liedrecital te geven. En voor de gelegenheid hadden we de cyclus *Liederen en dansen van de dood* van Modest Mussorgsky ingestudeerd. Deze liederen zong ik in het Russisch. Het zijn heel romantische liederen en ze gaan allemaal over de dood. De onderwerpen zijn voor die tijd zeer bekende thema's voor negentiende-eeuws Rusland.

Het eerste lied gaat over de dood van een kind. Een ander lied gaat over de dood van een dronkaard. Een derde lied beschrijft de dood op het slagveld. Het is zware kost, maar absoluut een van de meesterwerken van Mussorgsky. Doordat het muziek is uit de romantiek moet ze met heel veel gevoel en pathos gezongen worden. Geen vibrato gebruiken in deze muziek zou die erg vlak maken (ronduit lelijk) en het zou moeilijk zijn de tekst goed over te brengen.

Femke en ik zongen het concert en we kregen na afloop veel bijval. De liedvrienden horen deze cyclus niet vaak en ze waren erg enthousiast bij de nazit. Er was echter een mevrouw die naar me toe kwam en het volgende tegen me zei: 'Weet u dat u zingt met erg veel vibrato? En ik heb begrepen van Paul Witteman dat dat helemaal niet mag.'

Ik was even stil... Toen herpakte ik mezelf en heb geprobeerd op een vriendelijke doch dwingende manier uit te leggen dat de heer Witteman helaas geen kenner is van deze manier van zingen. Ik vond het ook heel jammer dat mensen klakkeloos zijn persoonlijke mening overnamen als 'waarheid' over iets wat niet per se waar hoeft te zijn. Ziehier de kracht van media en televisie.

Rustig legde ik uit dat er in vierhonderd jaar opera en zangkunst verschillende tijdvakken zijn en dat in die ontwikkeling het stemgebruik is mee veranderd.

In de barok waren de orkesten nog niet groot en had de zang weinig vibrato. Spreken was de basis voor de zang. In de klassieke periode, met componisten als Mozart en Gluck, zijn de orkesten al meer uitgebreid met strijkers en blazers. De composities zijn nog steeds heel vormelijk en zo werd er dan ook gezongen. Maar er is zeker gebruik van vibrato. In de negentiende eeuw werden de orkesten steeds groter; de zangtechniek ontwikkelde zich mee. Tenoren zongen hun hoge c niet meer in falset, maar trokken de hoge c mee naar boven in hun spreekstem. Hierdoor kregen ze een krachtiger geluid. Met de komst van Richard Wagner en zijn enorm grote orkestraties in zijn opera's waren we op het hoogtepunt van de romantiek aanbeland. Het gevoel moest de boventoon voeren en het publiek moest helemaal meegesleept worden in het drama dat zich afspeelde op het toneel. Daarbij hoorden grote stemmen met flink veel volume. En volume krijg je door jarenlang te studeren om de stem zo los mogelijk te laten klinken. Zo los mogelijk betekent: zingen mét vibrato.

Zingen zonder vibrato is dus goed en gebruikelijk en zingen met vibrato is ook goed en gebruikelijk. We moeten alleen maar luisteren met welke stijl we te maken hebben. Goede zangers passen hun uitvoering aan die stijl aan.

Echt goede zangers kiezen ook de muziek die bij hun stem past. Zo zie en hoor je mij niet snel in de *Matthäus*, maar wel in een Verdi-opera. Dit zegt trouwens niks over of je van de muziek houdt of niet, want ik ben dol op de *Matthäus-Passion*.

Ik hoop dat Paul Witteman dit boek in handen krijgt. Dan heb ik het hem eindelijk kunnen uitleggen.

Dramatische sopraan

Dit is een kort hoofdstukje over het onderwerp stemvak en classificatie van de zangstem. Mensen moeten namelijk altijd een beetje lachen als ik mij voorstel als dramatische sopraan. Maar ik bedoel het heel serieus, omdat dit mijn stemvak is in de opera. De meeste mensen hebben een andere connotatie bij het woord 'dramatisch' en denken dat ik vaak somber in een hoek lig. Alleen lijkt dat weer niet zo bij mij te passen! Hier dus een beetje uitleg.

In de klassieke zang zijn verschillende stemsoorten. Als je in een koor zingt, ken je de eenvoudige determinatie. Van hoog naar laag: sopraan, alt, tenor, bas. Mocht het een wat ervarener koor zijn dat ingewikkelde muziek zingt, dan zitten er ook mezzosopranen en baritons bij. Deze stemmen zitten respectievelijk tussen sopraan en alt, en tenor en bas in.

Maar in de wereld van de opera zijn veel variaties, afhankelijk van het stembereik, de stemkleur (ook wel het timbre genoemd) en flexibiliteit van de stem. Nemen we ook nog mee wat voor type mens je bent, dan komen we algauw op zo'n 22 verschillende stemsoorten.

Je hebt lyrische stemmen. Vaak zijn dat de zangers die mooie melodielijnen zingen. Lyrische sopranen gaan dood aan de vliegende tering. Lyrische tenoren smachten naar liefde die ze niet kunnen krijgen. Lyrische baritons moeten goede acteurs zijn en vervullen heel vaak de rol van de leuke sidekick. Denk aan een Papageno in *Die Zauberflöte*.

Dan heb je de coloratuurstemmen. Die kunnen de moeilijkste

versieringen zingen en zijn heel flexibel. Cecilia Bartoli is zo'n echte coloratuurzangeres.

Daar heb je dan weer lyrische types bij en dramatische stemmen: de Koningin van de Nacht van Mozart of Norma van Bellini.

En nu komen we bij het dramatische vak. Daar ben ik er dus een van. Zij vertolken rollen met een grote emotionele diepte en hebben een groot volume nodig om over enorme orkesten heen te zingen. Ook goed acteren is belangrijk. Denk aan rollen als Tosca, Elektra en Brünnhilde (sopranen), Otello en Siegmund (tenoren) of Macbeth (baritons). Bassen hebben vaak ondersteunende rollen als vader of spelen de duivel. Alten zijn vaak moeders of heksen.

In Duitse operahuizen wordt heel specifiek gekeken naar het stemvak. Daar nemen ze iemand op aan voor de opera's die ze in dat seizoen spelen. Het is dus heel handig als je zelf ook weet wat jouw stemvak is. Je komt erachter door zanglessen. Het repertoire dat lekker zingt voor jouw stem maakt een hoop duidelijk. Een stem kan zich ook in de jaren ontwikkelen. Mijn stem ontwikkelde zich van lyrisch naar *jugendlich* dramatisch naar dramatisch. En dat heeft gewoon met leeftijd te maken en met de ontwikkeling van je techniek.

It ain't over 'till the fat lady sings

Er is een heel hardnekkige fabel in de wereld. Die gaat over het postuur van operazangers. De meeste mensen denken dat alle operazangers altijd dik zijn. Wie kent het karikaturale beeld niet van een grote dikke sopraan met blonde vlechten en een helm met hoorns op haar hoofd die een harnas draagt, een speer vasthoudt en dan keihard zingt. Bekende voorbeelden van volle majestueuze zangers zijn: Montserrat Caballé, Luciano Pavarotti, Birgit Nillson en Callas in haar jonge jaren.

Maar het is natuurlijk niet waar dat alle operazangers dik zijn. Ik ken heel slanke sopranen, tenoren en bassen. Toch heeft het vooroordeel een logische oorsprong. In vroeger tijden dacht men een grote torso te moeten hebben voor veel klank. Dit kwam mede door hoe castraten er fysiek uitzagen. Castraten waren van nature dikker doordat ze een andere hormoonhuishouding hadden dan niet-gecastreerde mannen.

In de negentiende eeuw hadden dikke zangers een streepje voor, want die hadden dan ook meteen kracht en body in hun stem. Over Maria Callas wordt nog steeds gezegd dat haar stem mooier was toen ze overgewicht had en dat de kwaliteit van haar stem veranderde nadat ze veertig kilo was afgevallen. Callas viel trouwens zoveel af omdat zij het zelf niet geloofwaardig vond om tbc-lijders te portretteren terwijl ze honderd kilo woog.

Er zijn nog wat redenen waarom zangers vaak volslank zijn.

De klassieke zanger ontwikkelt bepaalde buikspieren die nodig zijn voor de adembeheersing. Dit zorgt ervoor dat zangers een bollend buikje hebben.

Daarnaast leven zangers heel onregelmatig. Ze eten op rare tijden, vaak vroeg in de middag, want ze willen niet te vol zitten voor een uitvoering. Na de voorstelling hebben ze dan weer vaak gierende honger. Zangers kunnen 's avonds laat soms nog eten en drinken. Overigens moeten zangers ook goed eten en drinken, want soms staan ze wel vijf uur lang op een podium te zingen. Dat kost heel veel energie.

Dan is er nog een andere theorie waardoor gedacht wordt dat operazangers meer gewicht hebben. Door de longen te trainen en meer lucht te kunnen in- en uitademen zou de ademtechniek een trigger kunnen zijn voor meer trek in eten.

Ondanks dit alles zien we in onze tijd steeds meer slanke zangers, want ook in de operawereld proberen mensen er goed uit te zien. Het is niet meer genoeg om alleen een mooie stem te hebben. Door het schoonheidsideaal van deze tijd en door de hoeveelheid films en series op tv en in de bioscoop zijn de uiterlijke eisen op het toneel ook heel erg veranderd. Operadirecteuren willen aantrekkelijke mensen op het toneel zien die goed kunnen acteren en dansen. Dat verkoopt meer kaarten.

Daarom letten zangers veel meer op hun gezondheid en gewicht. Anders worden ze niet eens uitgenodigd voor een auditie. En ze willen toch heel graag hun vak uitoefenen. Het is natuurlijk ook verstandig om een gezonde levensstijl erop na te houden, juist omdat dat vak te vergelijken is met topsport.

We kunnen dus zeker niet zonder meer stellen dat elke operazanger dik is.

Van een paard gevallen

Onlangs mocht ik zingen tijdens de dodenherdenking. Het was deze keer bij het Homomonument in Amsterdam. Ik was daar voor het eerst bij en ik was blij om een keer te mogen zingen voor alle mensen die daar een krans neerleggen en te herdenken dat er in de Tweede Wereldoorlog ook veel mensen vervolgd zijn vanwege hun geaardheid.

Ik zong drie stukken. Natuurlijk ons volkslied na de twee minuten stilte. En tussen de sprekers door de aria 'When I am laid in earth' uit de opera *Dido and Aeneas* van Henry Purcell en de aria 'Lascia ch'io pianga' uit *Rinaldo* van Georg Friedrich Händel. Deze twee aria's zijn heel mooi en heel gedragen. En vooral de aria van Händel vond ik heel toepasselijk om meerdere redenen. De tekst is heel eenvoudig maar meteen raak: 'Laat me huilen.'

Daarnaast wordt wel gezegd dat Händel zelf wellicht homoseksueel was. Of dat ook echt zo was is nooit echt bekend geweest, maar er schijnen aanwijzingen voor te zijn in zijn muziek en hij is nooit getrouwd. Het belangrijkste element om zijn muziek te zingen is voor mij de wetenschap dat zijn muziek in zijn tijd voornamelijk door castraten werd gezongen.

Misschien denk je nu: waar kom je nou mee aan? Maar in de achttiende eeuw zongen er voornamelijk mannen op het operatoneel. Vrouwen waren daar tot ongeveer de helft van de achttiende eeuw bijna niet toegelaten. Om toch lage en hoge stemmen te hebben, en mannen- en vrouwenrollen te laten spelen op het toneel, waren er zangers met een prachtige jongenssopraan die op jonge leeftijd werden gecastreerd. Je zag dus mannen op het toneel die klonken als vrouwen.

En deze genderfluïditeit was heel aantrekkelijk voor de mensen van die tijd. Een sterke man met een hoge vrouwenstem fantastisch virtuoos zien zingen was enorm exotisch en aantrekkelijk voor het achttiende-eeuwse operapubliek. Travestie en transseksualiteit is namelijk van alle tijden. Tegenwoordig is er heel veel transfobie en ik vind dat heel erg; dat mensen weer worden gepest, vernederd en in elkaar geslagen om wie ze zijn. Juist hierom had ik deze aria gekozen om te zingen voor de LHBTIQ+-community tijdens de dodenherdenking.

Castraten heb ik altijd een heel intrigerend hoofdstuk in de geschiedenis van de opera gevonden. Het androgyne aspect vind ik heel boeiend. Een ander interessant gegeven vind ik dat we niet goed weten hoe ze moeten hebben geklonken in de periode waarin ze in alle grote operahuizen van Europa furore maakten.

Castraten hebben een enorme tragiek, omdat de castratie voor hen persoonlijk heel veel moet hebben betekend. Ze stonden buiten de maatschappij, konden geen kinderen krijgen en dientengevolge niet echt in het volle leven meedoen. Het enige wat ze konden verkrijgen was grote roem en de bijbehorende rijkdom. Maar dat was maar voor weinigen weggelegd.

Hoe kwamen mensen er eigenlijk bij om jonge jongens te castreren om zo hun hoge stem te behouden? Waarschijnlijk is dat een keer per toeval gebeurd. Dat een jongen met een prachtige stem per ongeluk op een tuinhekje wijdbeens was gevallen en zo gewond raakte.

Hoe dan ook, gebleken was dat een jonge jongen wiens zaadleiders werden doorgesneden, wel gewoon opgroeide tot een volwassen man, terwijl zijn stem net zo hoog bleef als toen hij klein was. Zijn fysieke bouw werd wel wat anders dan die van niet-gecastreerde mannen. Hij werd een stuk langer en had vaak een enorme borstomvang. De hoge sopraanstem kreeg door de volwassen bouw meer kracht en volume. En als een castraat goed studeerde, kon hij met zijn techniek enorm acrobatische loopjes zingen. Castraten zongen namelijk in de periode van de barokmuziek en muziek uit die tijd kenmerkt zich door heel rijke ingewikkelde versieringen, loopjes en trillers.

De rooms-katholieke kerk hield er een hypocriete houding op na. (Dat is ook geen nieuws, zou je zeggen.) Castratie was namelijk officieel verboden; mensen die de castratie bij jongens uitvoerden, konden geëxcommuniceerd worden.

Maar heel veel bisschoppen, kardinalen en zelfs pausen in die periode waren grote operaliefhebbers. En vooral liefhebbers van castraten. Daarnaast hadden ze castraten nodig in hun kerkkoren, want vrouwen waren helemaal niet toegelaten om te zingen. Dus heel vaak werden de castraties door de vingers gezien. Er werd dan gezegd dat de gecastreerden van een paard waren gevallen. Of ze waren per ongeluk in hun ballen gebeten door een wild zwijn. Allemaal om maar te verhullen dat ze door mensen moedwillig waren gecastreerd.

Uiteindelijk werden vrouwen wel toegelaten op het toneel, maar de castraten bleven in de achttiende eeuw de opera-uitvoeringen domineren. Het was een populair gebruik. Halverwege de achttiende eeuw waren er ongeveer vierduizend jongens gecastreerd. En al deze castraties waren een grote gok, want het kwam maar heel weinig voor dat de jongens uitgroeiden tot de grote operasterren die sommige castraten waren. De meesten zongen wel aardig, maar niet supergoed. En ze waren verminkt voor de rest van hun leven. Veel van deze jongens werden priester. In dat beroep konden ze uiteindelijk niet veel kwaad.

Ondanks al deze nadelen waren castraten in de barokperiode de belangrijkste musici die op het toneel konden staan. Iedereen was gek op hun zang. Vrouwelijke fans zwijmelden bij deze zangers en vielen continu flauw. Het was ook gemakkelijk affaires te beginnen met deze zangers, want je hoefde niet bang te zijn dat je er zwanger van werd.

De beroemdste castraten zijn: Caffarelli, Consolino, Zambinella, Nicolini, Marchesi en – de beroemdste van allemaal – Farinelli. Ze waren zo beroemd dat ze geen achternaam nodig hadden. Net zoals Madonna of Adele nu.

Over allemaal zijn smeuïge verhalen te vertellen. Ze hadden de mooiste kostuums aan met veel goud en glitter en veel grote veren in allerlei kleuren, konden heel arrogant zijn en ze hadden allerlei eisen.

Marchesi wilde altijd zijn entree in de opera maken op een levend paard, afdalend van een heuvel. Hij bracht zijn eigen paard mee en een heuveldecor. Bij deze entree zong hij altijd zijn lievelingsaria. Hoe de aria ingepast werd in de opera moest iedereen zelf maar uitzoeken. Als het niet kon, kwam hij gewoon niet zingen.

Farinelli kennen we nu nog, mede door de gelijknamige film die over hem gemaakt is in 1994 met onze eigen Jeroen Krabbé in de rol van Händel. In deze film zie je hoe de kostuums en decors eruit moeten hebben gezien. Ook de tragiek van het gecastreerd zijn en de eenzaamheid komen voorbij. De klank van de stem hebben ze in deze film proberen na te bootsen door een vrouwensopraanstem te mixen met een countertenor.

Een countertenor is een man die in zijn falset zingt en zodoende ook als een vrouw klinkt. Omdat je bij falset zingen een ander gedeelte van de stem gebruikt als man is dat niet hetzelfde als een stem van een castraat. Maar door de mix met een vrouwelijke stem kwamen ze schijnbaar dicht bij hoe het moet hebben geklonken. Als je nieuwsgierig bent, moet je even de dvd aanschaffen. Het is een heel mooie film.

Na een carrière van vijftien jaar op alle podia in Europa, waarbij er zelfs een keer door een vrouw in de zaal keihard werd geroepen: 'Eén God, één Farinelli!' ging de beroemde ster met pensioen op zijn 32ste. Hij mocht wonen aan het hof van koning Philip de Vijfde in Spanje. Daar zong hij nog jaren voor de gezelligheid. Het scheen dat de ziekelijke koning Philip beter werd van de zang van Farinelli.

Farinelli

In de late achttiende eeuw namen de castraties af en uiteindelijk werd deze praktijk verboden. De componist Gioacchino Rossini vond dat heel jammer. Op een gegeven moment legde hij Richard Wagner in een brief uit waarom hij stopte met het componeren van opera's:

> *'Met het verdwijnen van de castraten is het theater bezig met een neergang. Men heeft geen idee meer van de bekoring van de stem en de volleerde virtuositeit die deze besten der besten, bij gebrek aan iets anders en uit gelukkige compensatie, bezaten.'*

Ik ben het natuurlijk helemaal niet met hem eens. Voor mij is het een goede zaak dat er nu een plek voor vrouwen op het toneel kwam. En ik ken heel veel operazangeressen die dezelfde volleerde virtuositeit hebben weten te ontwikkelen als de castraten in de oude tijd. En de genderfluïditeit is gelukkig ook gebleven in de opera.

Zo weet ik van een uitvoering die pas geleden is geweest van *Le nozze di Figaro* met in de rol van de jonge page Cherubino een non-binaire zanger. Zo blijft de opera zich ontwikkelen in de moderne tijd en is er voor iedereen plek. Gelukkig hoef je niet meer van een paard gevallen te zijn.

Jaloezie en rivaliteit

Jaloezie en rivaliteit is een enorm groot thema voor en achter de schermen bij de opera.

Er zijn veel operaverhalen met jaloerse personages in de hoofdrol. Bijvoorbeeld in de opera's *Carmen* van Bizet en *Otello* van Verdi. De mannelijke hoofdfiguren worden verteerd door jaloezie en doden daardoor uiteindelijk de vrouw waarvan ze het meeste houden.

Maar ook achter de schermen is er vaak sprake van jaloezie en rivaliteit. Vooral onder de zangers zelf kan het heel erg spelen. Het gaat dan om wie de mooiste stem heeft. Of wie het makkelijkst een hoge c kan halen. Of wie er meer aandacht krijgt van een regisseur of dirigent. Welke sopraan krijgt altijd de hoofdrol en wie staat een beetje aan de zijlijn? Dat kan wel haat en nijd geven onderling.

In vroeger tijden werden die rivaliteiten ook breed uitgemeten in de pers. Zo waren er in de jaren vijftig van de twintigste eeuw veel verhalen te lezen over de concurrentiestrijd tussen Maria Callas en Renata Tebaldi. De Tebaldianen (haar fans) vonden hun Renata het mooiste zingen van allemaal. Ze werd Voce d'angelo genoemd omdat ze 'de stem van een engel' had. En zij werd niet zo vervelend en temperamentvol gevonden als Maria Callas. De Callasianen (fans van Callas) noemden hun idool La Divina Assoluta: ze was de 'absolute godin' van de opera, kon geweldig acteren en was niet zo saai als Tebaldi. Deze fans gingen ook naar de rivaliserende zangeressen luisteren en konden zich dan heel erg misdragen.

Aan het einde van de voorstelling werden er altijd bloemen gegooid naar de prima donna. Callas, die net gezongen had, werd weer bedolven onder de mooiste rozen en boeketten. Maar Callas, die min tien had en niks zag, hoorde op een moment harde kleine klapjes op het toneel vallen. Ze boog zich voorover en... raapte bosjes met radijs op. De Tebaldianen hadden die gegooid als een belediging. Callas liet zich niet kennen, raapte ze theatraal op en boog er vol trots mee af.

Deze verhalen zijn niet alleen in onze tijd bekend. Al in de achttiende eeuw was er een groot schandaal rond grote operadiva's. Dit bekende verhaal gaat over twee prima donna's die veel in Engeland zongen. Daar was castratie verboden, dus daar mochten vrouwen wel op het toneel zingen. De beroemdste diva's van die tijd waren Faustina Bordoni en Francesca Cuzzoni. Ook zij hadden grote fanclubs achter zich staan die de Faustinianen en Cuzzonisten werden genoemd. Ze zongen veel samen, want ze waren de besten van hun generatie. Bordoni was een mezzosopraan en heel erg mooi om te zien.

Faustina Bordoni

Cuzzoni was een klein, dik, sloopkogeltje en heel temperamentvol. Ze was gauw kwaad en snel jaloers. Maar ze zong zo mooi dat in allerlei geschriften van die tijd opgetekend stond dat zij een nest nachtegalen in haar buik moest hebben zitten. De twee zangeressen zongen in opera's van Händel en Bononcini. Componisten en theaterdirecteuren zorgden er goed voor dat de ene zangeres niet voorgetrokken werd boven de ander. Ze mochten evenveel aria's zingen en hun kleedkamers waren even groot. Ze kregen dezelfde hapjes en drankjes te eten, en het belangrijkste: ze verdienden hetzelfde honorarium.

Maar op 6 juni 1727 gaat het toch een keer helemaal fout in het theater. We zijn in Londen in het King's Theatre, Haymarket. Er is een belangrijke gast aanwezig: Caroline, de prinses van Wales. De opera *Astianatte*, gecomponeerd door Giovanni Bononcini, wordt opgevoerd. In het publiek zitten beide fanclubs. En terwijl de dames een duet aan het zingen zijn, krijgt in het auditorium een Faustiniaan het aan de stok met een Cuzzonist. Deze ruzie loopt vreselijk uit de hand; twee minuten later is het hele publiek met elkaar op de vuist. Pruiken vliegen door de lucht, er worden tanden uitgeslagen en er zijn veel bloedneuzen.

Nu moet je weten dat het in de achttiende eeuw gebruikelijk is de lichten aan te houden in het theater. Daardoor is het gevecht goed te zien vanaf het toneel. Bordoni en Cuzzoni stoppen met zingen. Zodra ze doorhebben dat er om hen gevochten wordt, grijpen de twee zangeressen hun kans. Ze beginnen met elkaar te knokken en trekken hun kostuums kapot.

Theaterpersoneel weet de twee vrouwen bij elkaar weg te trekken en stuurt het publiek naar huis. Na dit grote schandaal zingen de dames een heel seizoen niet meer samen. Later gebeurt dat nog wel, maar uiteindelijk gaan de dames ieder hun eigen weg.

Bordoni trouwt met de componist Hasse en leidt een betrekkelijk gelukkig leven. Cuzzoni raakt echter steeds meer aan lager wal en heeft vaak schulden. Ze verblijft ook nog enige tijd in de vrouwengevangenis in Amsterdam, maar uiteindelijk belandt ze in Bologna, waar ze knopenmaakster wordt. Ze sterft daar eenzaam en alleen.

Francesca Cuzzoni

Mario Lanza

Mensen mailen mij vaak allerlei vragen over opera. Ik kreeg een berichtje van een tweeling die ineens de stem van Mario Lanza had ontdekt. Op Spotify staan oude opnames van deze tenor en het nummer 'Because' viel ongelooflijk goed in de smaak.

De twee broers vertelden niets van opera of klassieke muziek te weten en waren benieuwd of ik Mario Lanza wel goed genoeg vond als zanger. Of ik nog wat meer suggesties had voor hen om naar te kijken en te luisteren. Ik heb ze meteen teruggemaild dat ik Lanza een van de mooiste tenoren vind die ik ooit heb gehoord. Wat een mazzel dat ik deze mail kreeg terwijl ik met dit boek bezig ben. Anders was ik glad vergeten een hoofdstuk aan deze fantastische zanger te wijden. Ik vergelijk mezelf nota bene vaak met hem.

Mario Lanza is (net als ik) vooral bekend geworden door radio en televisie. Hij begon als een echte operazanger met een carrière op het operatoneel. Maar hij werd vooral beroemd bij het grote publiek doordat hij Hollywoodfilms maakte bij MGM in de jaren vijftig van de vorige eeuw. En hij zong niet alleen opera, maar ook lichtere muziekgenres. Hij was heel theatraal en zong zeer emotioneel. Echte operacritici vonden hem eigenlijk een beetje ordinair en te plat. Omdat hij een contract had bij MGM en zes maanden van het jaar in de studio doorbracht, raakte zijn theaterwerk een beetje in het slop. Na onenigheid met MGM en latere films die minder succes hadden, ging Lanza weer concerten geven. In 1958 zong hij voor bij La Scala in Milaan en hij werd meteen voor twee jaar aangenomen. Helaas kwakkelde hij met zijn gezondheid. Omdat voor zingen iets meer gewicht nodig was, maar als filmster je heel slank moest zijn, jojode Lanza altijd met zijn gewicht. Hij had last van hoge bloeddruk en voelde zich niet goed. In 1959 werd hij een paar keer ernstig ziek en uiteindelijk stierf hij heel jong, op 38-jarige leeftijd, aan een longembolie.

Zijn stem heb ik altijd geweldig mooi gevonden en gelukkig zijn er heel veel opnames van hem bewaard gebleven. Hij had namelijk een platencontract en was zelfs de eerste artiest die tweeënhalf miljoen platen verkocht. Ook Maria Callas was enorm gecharmeerd van zijn stem. Ze zei het enorm jammer te vinden dat ze nooit heeft kunnen zingen met de grootste tenor die ze ooit had gehoord.

Mijn lievelingsfilm met Lanza is *The Great Caruso* uit 1951. Het is zo'n echte jarenvijftig-Hollywoodkraker in technicolor. Lanza vertolkt de rol van zijn grote voorganger, de beroemde Italiaanse tenor Enrico Caruso. De film is een aaneenschakeling van beroemde operascènes waarin Lanza kan laten horen hoe mooi zijn stem is. We zien hem aria's vertolken uit *Rigoletto*, *Cavalleria Rusticana*, *La Bohème*, *Tosca*, *Andrea Chenier*, noem ze allemaal maar op. En tussendoor zien we hoe het leven en de carrière van Caruso moet zijn verlopen. Het mooiste vind ik dat deze film alle clichés laat zien die we kennen over Italië, operazangers en tenoren. Zo zien we rustieke Italiaanse dorpjes met grote katholieke processies. De tafeltjes zijn bekleed met rood-wit geblokte kleedjes. Wanneer Caruso in het begin van zijn leven nog meel verkoopt, vraagt een vriend hem om even te zingen. Pas nadat hij drie slokken uit een fles wijn in rieten mandje heeft genomen zit zijn stem als gegoten en zingt hij iedereen in het café eruit. Een paar scènes later komt hij in aanraking met een vervelende sopraan. Ze is kwaad dat hij te laat komt. Hier zien we het prototype van de vervelende diva.

Het meest dramatische stukje is aan het eind als Caruso erachter komt dat hij keelkanker heeft. Hij slikt ether en kan eigenlijk bijna niet meer zingen. We zien Lanza dan nog eenmaal in een grote operascène staan. Ze zingen een fragment uit de opera *Martha* en we zien hem worstelen met zijn stem, ook al klinkt Lanza goddelijk. De laatste hoge noot die hij zingt is fantastisch en terwijl het doek sluit valt hij dood neer op het toneel en sterft hij als het ware in het harnas. In het echte leven van Caruso is dit niet zo voorgevallen, maar dit maakt de al heel dramatische film extra droevig. De hele film voelt als een opera op het witte doek.

Ik kan iedereen deze film van harte aanbevelen. Je slaat drie vliegen in een klap: je leert wat over Enrico Caruso, je hoort de geweldige Mario Lanza en je ziet de beroemdste tophits uit de opera, volledig in prachtige kostuums en decors.

Mario Lanza

La bella bionda

Ik heb een paar bekende Nederlandse operazangeressen mogen ontmoeten en ieder van hen had bijzondere kanten. De meeste waren lief en aardig. Een enkele was wat ingewikkeld om mee om te gaan. Allemaal waren het echte operadiva's. Ik kan niet anders zeggen. Ik heb les gehad van Cristina Deutekom, Cora Canne Meijer, Charlotte Margiono, Lucienne Bouwman (de zus van Mies) en Miranda van Kralingen. Van allemaal heb ik veel mogen leren. Hoe je je moet gedragen in het vak. Hoe je bepaalde muziek kan vertolken. Hoe je je verhoudt tot je collega's. Cristina Deutekom en Cora Canne Meyer kwamen uit de generatie zangers in Nederland waar we veel furore mee hebben gemaakt. Andere sterren uit die tijd waren Gré Brouwenstijn, Erna Spoorenberg, Aafje Heynis, Marijke van der Lugt en Wilma Driessen. En laat ik nou deze laatste lieve diva Wilma van heel dichtbij kennen!

In de coronaperiode maakten Gregor Bak en ik het Omroep West-programma *Een liedje voor jou*. We zongen verzoekjes op straat voor mensen met wie iets bijzonders aan de hand was. De theaters waren dicht en we mochten niet bij elkaar thuis komen. Met dit programma konden wij ervoor zorgen dat er soms toch muziek te horen was in een voor veel mensen eenzame periode.

Op een van de opnamedagen werden we naar Voorburg gestuurd. Een mevrouw had een aanvraag gedaan voor haar tante. De aanvraagster was gek op haar tante en haar tante was operazangeres geweest; zij hield enorm veel van muziek. Of we haar niet even konden verrassen met een mooie aria?

We reden naar Voorburg en ik drukte op de deurbel. De deur ging open. Daar stond ze: Wilma Driessen, de bekende operazangeres, haar blonde haar prachtig in de krul, haar gezicht zorgvuldig opgemaakt met prachtige rode lippenstift. Een gezellige witte winterse bontjas gaf haar een jeugdige look. Ze kwam naar buiten en was totaal verrast ons te zien. Gregor stond klaar met zijn keyboard en ik was er ook klaar voor.

Als ik het fragment terugzie, moet ik ook weer een beetje om mezelf lachen. Ik heb mijn gewone winterjas aan en ben niet opgemaakt. Op mijn hoofd staat een wit-roze muts met Mickey-oren, die ik een keer in Disneyland had gekocht. Wilma was heel chique, en ik stond daar met die muts en zong toen voor het eerst het lied 'Amore e musica' van Gregor. Wilma schoot vol. Ik zag meteen dat ze het mooi vond: ze was ontroerd en heel blij om zang te horen in die stille coronatijd.

Ik zei meteen dat ik haar zou opzoeken als het weer kon. En dat heb ik ook gedaan. Ik ga zo nu en dan bij haar buurten, en dan praten we over het vak en over hoe zij haar carrière heeft ervaren. Ze vertelt prachtige verhalen over hoe ze zong in Italië. Ze vertelt altijd dat ze dan in La Scala ging studeren aan de rol Gilda uit de opera *Rigoletto*. Niemand mocht zomaar naar binnen. Maar als Wilma bij de portier aankwam, riep hij door de hal naar de dirigent bij wie ze zong: 'Maestro! La bella bionda Olandese è qui!' ('Maestro, de mooie blonde Hollandse is hier!') Dan mocht ze meteen verder lopen.

Wilma is een echte mooie hoge coloratuursopraan die veel rollen heeft gezongen in binnen- en buitenland. Maar ze was ook heel bekend van de televisie. Ze was de eerste operazangeres die samen zong met populaire artiesten zoals André van Duin en Gerard Cox. Tegenwoordig zouden we dat cross-over noemen en vinden we dat steeds normaler, maar in de jaren zestig was het eigenlijk not done in de operawereld. Ze vertelde me dat ze een boete van vijftig gulden van de opera kreeg als ze zich op de televisie liet zien. Ik vroeg haar waarom ze dat dan toch deed. 'Ik vond het gewoon leuk om te doen, daar had de opera niks mee te maken!' antwoordde ze. Een vrouw naar mijn hart.

Paul de Leeuw nodigde haar in de jaren tachtig en negentig vaak uit in zijn programma en dan zongen ze samen duetten. Ze was ook een tijdlang jurylid in het programma *Una voce particolare*.

Ik heb haar veel gezien in die programma's en het viel me meestal op dat ze geweldig leuke humor heeft. Daarnaast is ze heel zachtaardig en enorm kundig in haar vak. Ze vertelt me vaak dat ze zich zoveel in mij herkent. Ik zou haar muzikale dochter hebben kunnen zijn. Als ze dat tegen me zegt, voel ik me altijd enorm vereerd. En naast mijn eigen leuke en lieve moeder kan ik haar er makkelijk bij hebben.

Wilma Driessen

Operette en musical

Operette

Wat is nou eigenlijk het verschil tussen opera en operette? Om het heel simpel te zeggen: in een opera is aan het eind iedereen dood en bij operette blijven de personages leven en dansen ze een vrolijke wals terwijl ze champagne drinken. Dit impliceert dat operette luchtiger en dus makkelijker is. Ik denk dat dat vooral klopt voor het publiek. De verhalen zijn komisch, lopen goed af en er wordt mooie muziek gespeeld. Ikzelf heb echter de ervaring dat het uitvoeren van operette voor de zangers soms zwaarder en moeilijker is dan een dramatische opera. Zelf heb ik in vier operettes mogen zingen: drie Franse van de beroemde Jacques Offenbach, en een heuse Weense van Franz Léhar: *Die Lustige Witwe*.

De moeilijkheid is dat je voor een operette niet alleen heel lastige vocale muziek moet kunnen zingen, maar ook veel en redelijk goed moet kunnen dansen. Vooral in Weense operette wals je wat af. Daarnaast zijn er vaak komische dialogen die op hoge energie gespeeld moeten worden en het schakelen tussen praten en zingen is heel lastig. Zangers praten het liefst niet te veel als ze een opera of een concert moeten zingen. Praten belast de zangstem te veel. Bij operette moet je dus als zanger een heel andere energieverdeling hebben.

Hoe is de operette nou eigenlijk ontstaan? Zoals opera een echte Italiaanse uitvinding is, is operette een Franse trouvaille (*pun intended*). Operette was in de achttiende eeuw een avondvullend programma met liederen en teksten door elkaar gehusseld. De operettes waren licht, maar hoefden niet per se komisch te zijn. Dit nieuwe genre kreeg pas werkelijk voet aan de grond in de negentiende eeuw in het Tweede Keizerrijk van Frankrijk. De leidende figuur was Jacques Offenbach. Hij schreef talloze beroemde stukken en inspireerde de volgende operettegrootheid, die in Wenen woonde: Johann Strauss jr.

Waar de operettes van Offenbach maatschappijkritische satirische stukken waren, waren de operettes van Strauss veel liever van toon en vooral gebaseerd op de Weense walsmuziek. Strauss was een echte *stehgeiger*. In onze tijd kennen we ook een wereldberoemde stehgeiger: onze eigen André Rieu. Zoals Rieu voor zijn orkest staat, heeft Strauss ook staan spelen en dirigeren, en hij componeerde de beroemde melodieën die we allemaal kennen zoals 'An der Schönen blauen Donau' en de 'Pizzicato Polka'.

Die Fledermaus is zijn bekendste theaterwerk geworden. De periode waarin Johann Strauss componeert, noemen we het Gouden Operettetijdperk. Na dit tijdperk hebben we nog de Zilveren Operette; daarvan is Franz Léhar de belangrijkste vertegenwoordiger. We spreken dan over de eerste twintig jaar van de twintigste eeuw. Léhars bekendste stukken zijn: *Die Lustige Witwe*, *Das Land des Lächelns* en *Der Zarewitsch*.

Ondertussen wordt er in Engeland in de negentiende eeuw gretig geluisterd naar de operettes van Offenbach. Mensen willen eigenlijk hun eigen Engelse versie hiervan hebben. De schrijver Gilbert en de componist Sullivan zullen vanaf dat moment hun komische operettes gaan schrijven. Deze operettes zijn typisch Engels te noemen. Door hun Engelse humor en de opbouw van de stukken krijgen ze een unieke plek in de operettewereld.

Hun bekendste operette is misschien wel *The Mikado*, een hilarisch satirisch stuk over de Engelse bourgeoisie. Om hun eigen publiek niet te veel te choqueren, plaatsen ze het verhaal in het oude Japan. Het werd meteen een hit in Engeland en werd na de première wel 627 keer opgevoerd, zo leuk vonden de Britten het. Door de grote vraag naar tickets is hier de traditie ontstaan dat mensen in de rij moesten gaan staan voor de box office om chaos te voorkomen.

Offenbach en Gilbert en Sullivan kenden elkaar, en zo kwam het dat ze samen een reis naar de Verenigde Staten ondernamen. In Amerika werden herinterpretaties opgevoerd van hun operettes en die vormden uiteindelijk de basis voor een heel nieuw genre: de musical!

Musical

Voor mij is musical een moderne versie van opera en operette. Het is een toneelstuk met zang, dans, kostuum en decor. Er wordt alleen geen klassieke muziek gezongen. De muziek in musicals zou je 'populaire muziek' kunnen noemen.

Mijn lievelingsmusicals komen uit de tweede helft van de twintigste eeuw. De bekendste makers uit die tijd, Rodgers en Hammerstein, schreven musicals als *Oklahoma*, *Carousel*, *South Pacific*, *The King and I* en *The Sound of Music*.

Een andere musical die ik moet noemen is natuurlijk *West Side Story* van Leonard Bernstein. Deze musical is door het verhaal, dat gebaseerd is op *Romeo en Julia* van Shakespeare, en de heel hoogstaande muziek bijna weer een opera.

Al deze musicals waren zo populair op Broadway dat Hollywood er natuurlijk ook brood in zag. Zij maakten er geweldige spektakelfilms van in technicolor. Hierdoor kregen de musicals in de hele wereld bekendheid. Vooral door die mooie kleurrijke films ben ik van musical gaan houden. Als ik ernaar kijk, lijkt het net alsof er in de wereld geen narigheid te vinden is. Deze films tillen je even helemaal uit de werkelijkheid op. Ze hebben een zonnige gloed die je nooit meer vergeet.

Rodgers & Hammerstein

Eén uitzondering is er wel: van de musical *Carousel* is de saaiste en slechtste film gemaakt die ik ooit heb gezien. Toen ik meer over deze film ging lezen, om erachter te komen waar dat nou in zat, las ik dat de musical indertijd ook een commerciële flop was geweest. Dat kwam vooral doordat er in deze musical een dode valt. Dat wilde het publiek niet meemaken in een musical. Als je zoiets wilde zien, ging je naar een opera.

Het verhaal van *Carousel* gaat over een man die werkt bij de draaimolen op een kermis. Een meisje wordt verliefd op hem. Hij krijgt verkering met haar, maar gaat het verkeerde pad op en doet een overval om geld voor haar te verdienen. Na de beroving slaat hij op de vlucht, maar hij struikelt en valt op zijn eigen mes. Zijn geliefde wil hem gedag zeggen en ze is helemaal in shock als ze ziet dat hij doodgaat. Ze is namelijk in verwachting. Wat nu? Om hen heen komen mensen staan om te kijken wat er aan de hand is.

Op dit moment komt er ineens een oudere vrouw naar voren die begint te zingen. Dat is het hoogtepunt van het stuk. We horen dan het beroemde lied 'You'll never walk alone'. Dit lied kennen we allemaal door Lee Towers die het beroemd heeft gemaakt door het te zingen bij Feyenoord-voetbalwedstrijden of de Rotterdamse marathon. Maar het komt dus oorspronkelijk uit deze musical en het wordt dan ook gezongen door een oudere vrouw die het meisje wil troosten met het verlies van haar vriend.

De man sterft en daarna krijgt zij een dochtertje dat zonder vader moet opgroeien.

Hij is niet naar de hemel gegaan, maar zit in een voorgeborchte. Pas als hij zijn misstappen goed kan maken, mag hij door naar de hemel. Uiteindelijk zal hij als een soort geestesverschijning zijn dochter ondersteunen en mag hij toch de hemel binnengaan.

Als ik heel eerlijk ben, heb ik nog steeds niet heel duidelijk wat in de musicalfilm nou eigenlijk wordt verteld. Er zijn veel nummers die ogenschijnlijk niks toevoegen aan het verhaal. De muziek is heel mooi. Maar wat het er allemaal mee te maken heeft? Ik heb geen idee...

Ik vind het dus heel wonderlijk dat dezelfde makers ons ook het totaal geniale *The Sound of Music* hebben geschonken. Die musical klopt aan alle kanten. Het is een verhaal met een begin, een midden en een eind, en het heeft een mooie boodschap. Alle liedjes zijn briljant en kloppen in het verhaal. De film is tijdloos gebleken. Iedereen die mij kent, weet dat ik hem meer dan 160 keer heb gezien. Net zoals ik door Callas opera ben gaan ontdekken, ben ik door *The Sound of Music* van musical gaan houden en wilde ik ook daar alles van weten.

Zo kwam ik erachter dat veel musicals in de roerige jaren twintig, en ten tijde van de financiële crisis in de jaren dertig, geschreven zijn. Ze werden gemaakt om de gruwelen van de Eerste Wereldoorlog te vergeten en de Grote Depressie van de jaren dertig naar de achtergrond te verdrijven. De verhalen van die musicals zijn licht en alleen voor amusement bedacht. De liedjes van Cole Porter, George en Ira Gershwin en Irving Berlin kennen we nog steeds.

Dankzij grote artiesten als Fred Astaire, Marilyn Monroe, Frank Sinatra en Ella Fitzgerald werden het klassiekers. Denk aan nummers als 'My heart belongs to daddy', 'Night and day', 'Anything goes' en 'Anything you can do, I can do better'.

Musical heeft zich voornamelijk ontwikkeld in Amerika, en dan vooral in New York op Broadway. Deze stukken gingen natuurlijk weer terug naar Europa. In Engeland worden op West End in Londen de musicals op enorm hoog niveau uitgevoerd. En in ons eigen kleine Nederland is de musicalwereld ook niet meer weg te denken uit ons culturele landschap. Daar hebben we prachtige eigen Hollandse musicals zoals *Heerlijk duurt het langst* en *Foxtrot* van Annie M.G. Schmidt en Harry Bannink, tot de grote succesmusicals van Andrew Lloyd Webber en Claude Michel Schoenberg: *The Phantom of the Opera*, *Cats*, *Miss Saigon* en *Les Misérables*. Tegenwoordig hebben we in ons land schitterende spektakelmusicals die eigen verhalen vertellen uit onze vaderlandse cultuur. Denk aan *De Tocht*, over de Friese Elfstedentocht. *Dagboek van een herdershond*, over het Limburgse leven aan het begin van de twintigste eeuw. *Soldaat van Oranje*, over het verzet in de Tweede Wereldoorlog.

Een van de beste voorstellingen die ik de afgelopen tijd heb gezien is de musical *'40-'45*. Over twee broers die uiteengedreven worden door de gruwelen van de Tweede Wereldoorlog. De ene broer gaat bij het verzet. De andere broer wordt een overtuigde nazi. Welke morele keuzes maak je in moeilijke tijden? Vragen die ook nu weer in onze tijd opnieuw beantwoordt moeten worden. Daarmee is deze musical precies wat ik verwacht van theater en kunst. Prachtig entertainment, maar tegelijkertijd leert het ons nadenken over onze maatschappij en onze levens.

Joop van den Ende heeft in de jaren negentig de musicalcultuur een enorme stimulans gegeven door theaters op te kopen en speciaal te laten renoveren voor zijn spektakelshows. Het eerste theater dat daarvoor in aanmerking kwam was het Circustheater te Scheveningen. Van den Ende kocht het theater met een aantal partners voor één gulden en liet het opknappen voor miljoenen. Ik heb dat altijd heel erg bijzonder gevonden. Want nog maar weinig mensen weten dat het Circustheater vroeger de thuisplaats was van De Nederlandse Operastichting. Daar werden allerlei prachtige opera's uitgevoerd met beroemde namen als Cristina Deutekom, Gré Brouwensteijn en Henk Smit.

Toen ik in 2021 Moeder Overste mocht zingen in *The Sound of Music* was de première in het Circustheater. Het was de eerste keer dat ik daar mocht zingen in een hoofdrol. Toen ik het toneel betrad voelde het werkelijk of er een grote cirkel rond was. Ik stond als echte operazangeres in mijn lievelingsmusical in een theater dat ooit een operatheater was geweest en nu vooral musicals liet zien. Alles kwam op dat moment bij elkaar en ik heb er dan ook elke seconde van genoten. Vandaar misschien ook dat ik geen verschil voel in opera, operette en musical. Ik hou gewoon van mooie muziek en goede verhalen. En het mooiste is als ik er zelf in mag zingen en schitteren.

Levende componisten

Sacha

In 2022 bood de intendant van de Nationale Opera mij een rol aan in een nieuw geschreven opera. Die was gebaseerd op het beroemde boek *Animal Farm* van George Orwell. We zouden geregisseerd worden door een jonge maar heel succesvolle operaregisseur uit Italië. De muziek werd op het moment dat ik werd gevraagd nog gecomponeerd door de Russische componist Alexander Raskatov. De opera zou spelen in de maand maart van 2023. We zouden de muziek zo snel mogelijk krijgen.

In afwachting van de muziek las ik eerst het boek. Ik kende alleen *1984* van Orwell. Dat boek vind ik geweldig. Gek genoeg was ik nog nooit toegekomen aan *Animal Farm*. Voor wie het boek niet kent: het gaat over een boerderij vol boerderijdieren als varkens, kippen, paarden en honden. De dieren worden heel slecht behandeld door de boer en de boerin. Op een dag besluiten de dieren in opstand te komen tegen de mensen, en in een grote slag om de boerderij weten ze meneer en mevrouw Jones weg te jagen. De varkens nemen vanaf dat moment de leiding. Ze gaan uit van het volgende principe: alle dieren zijn gelijk.

Na verloop van tijd gedragen de varkens, die zichzelf intelligenter vinden dan de rest van de dieren, zich steeds machtiger en veranderen ze in nog gewelddadiger potentaten dan de mensen ooit zijn geweest. Uiteindelijk zien de ezel Benjamin en het paard Clover het verschil niet meer tussen de varkens en de mensen waarmee ze opnieuw handel gaan drijven.

Het boek is een metafoor voor de opkomst van het communisme in Rusland. De boer en de boerin staan symbool voor de oude, machtige, rijke tsaren. Het volk moet de baas worden van het land en zo zien we dat ook gebeuren op de boerderij. De opstand is een weergave van de Russische Revolutie in 1917. De varkens met de namen Majoor, Napoleon en Sneeuwbal staan symbool voor Lenin, Stalin en Trotski. Dit waren de eerste leiders van de nieuwe Russische samenleving en het communisme.

Ik was eigenlijk verbaasd dat er nooit eerder een opera geschreven was op dit beroemde boek, want het is een geweldig verhaal over macht en machtsmisbruik dat nog altijd voorkomt in onze wereld nu.

In december, twee maanden voor de eerste repetitiedag, kregen we de muziek binnen. De inkt was nog nat. Ik zag meteen dat de partituur een van de ingewikkeldste stukken moderne muziek was die ik ooit had moeten instuderen.

Normaal kun je van bestaande opera's altijd wel ergens opnames vinden om even te luisteren naar hoe het klinkt. Met een nieuw geschreven stuk kan dat niet. Je moet als zanger bij het begin beginnen en met lastige hedendaagse muziek is dat geen sinecure.

Ik belde de operacoach van de Nationale Opera of ik alvast even bij hem kon horen hoe de muziek ongeveer zou gaan klinken. Na een paar muzikale sessies bij hem kreeg ik steeds meer een idee van mijn eigen partij. Ik heb twee maanden lang elke dag gestudeerd op de ontzettend ingewikkelde ritmische en vierkante muziek. De afstanden tussen de noten die ik moest zingen waren heel grillig en niet makkelijk in het gehoor liggend, maar toen ik de muziek beter leerde kennen, kreeg ik grip op mijn personage.

Ik speelde de rol van de boerin. Ik zou samen met mijn 'man' de opera openen. De scène liet meteen zien dat de boer en de boerin een stel vreselijke, bezopen, agressieve griezels waren. We liepen dronken over het toneel en scholden elkaar de huid vol met allerlei verwensingen. Daarna zou de voorwand wegschuiven en kwam je in een soort abattoir terecht. Hier verbleven de dieren in kooien, mishandeld en ongelukkig. Vanaf daar begon de opera echt met alle verwikkelingen die je ook in het boek leest.

Een eerste repetitie in een opera is altijd een spannende bedoening. We zingen en spelen met elkaar de muziek door. De cast met zangers ontmoet elkaar voor het eerst. De dirigent is aanwezig. De begeleidende pianist komt. Meestal is de regisseur nog niet aanwezig. Hij of zij is dan nog aan het werk om de puntjes productioneel op de i te zetten, voordat de zangers op het toneel komen repeteren.

Anders bij opera ten opzichte van toneel is dat de zangers en de dirigent het stuk al helemaal uit het hoofd moeten kennen. Bij toneelspelers wordt eerst de tekst doorgelezen. Door de vele herhalingen tijdens repetities komt die in het geheugen te zitten. Bij opera zou dat te veel tijd kosten. Zingen en allerlei handelingen verrichten op het toneel vergt een enorme coördinatie en denkvermogen. Daarom kent iedereen, in een ideale situatie, zijn muziek al zo goed mogelijk. Natuurlijk mag je nog fouten maken, maar repeteren terwijl je het stuk niet goed kent is totaal frustrerend voor jezelf – en nog meer voor je collega's.

Als de repetitie begint, weet ik uit ervaring, denk je als zanger altijd dat jij degene bent die het het slechtste kent. Je voelt veel onzekerheid en je bent snel onder de indruk van je collega's, die het ogenschijnlijk al makkelijk weg zingen. Achteraf vertellen ze je meestal dat zij zich ook zo voelen en dat ze heel slecht waren. Deze eerste bekentenissen en het over en weer complimenten uitdelen geeft een groepsgevoel. Als je leuke en professionele mensen hebt met wie je mag zingen, kun je elkaar uiteindelijk tot grote hoogtes brengen.

Dit gebeurde zeker in onze groep. Deze opera was een echt ensemblestuk. Het draaide niet om één of twee grote hoofdrollen met verder alleen maar bijrollen. Elke rol was van belang. En deze keer zat er nog iemand bij: de componist. Dat is helemaal niet zo gebruikelijk.

Over het algemeen zingen we opera's van honderden jaren geleden. De kunst is dan uit te vinden wat de componist met zijn muziek heeft bedoeld. Hoe vaak heb ik niet verzucht in repetities dat het wel fijn zou zijn als we even Mozart hadden kunnen bellen?

Maar nu... nu was de componist erbij. Ik zou hem voor het eerst ontmoeten.

Wat kon ik verwachten? Zou het een getormenteerde figuur zijn, lijkend op Beethoven met zijn wilde haar? Zou hij in woede ontsteken bij een ritmische fout? Of zou hij halverwege de repetitie zeggen dat mijn stem totaal niet was wat hij zich had voorgesteld?

Daar zat hij, een gewone meneer met een kalend hoofd. Bovenop stond een hip petje zonder klep. Hij droeg een spijkerbroek en een lekkere warme trui. De dirigent stelde hem voor als Maestro Raskatov.

Raskatov introduceerde zichzelf als een componist uit Rusland die nu al jaren in Parijs woonde. Hij was getrouwd met een zangeres en zij deed altijd mee in al zijn opera's. Toevallig zat ze naast me op een stoel: een beminnelijke sopraan met een mooie shawl om en goed gekapt haar. Zij was zijn muze en zij zorgde, naast het zingen in zijn stukken, voor alle praktische zaken. Zijn hoofd zat zo vol muziek dat hij soms de weg naar de kantine niet goed kon vinden. Dit klonk mij heel sympathiek in mijn oren. Hij had ook echt een heel schattig hoofd, helemaal niet intimiderend, en hij was ontzettend aardig in zijn manier van praten.

Toen we de muziek gingen spelen en zingen, hoorde ik hoe geniaal deze man moest zijn. Zijn verklanking van de geluiden van de dieren was meesterlijk. De stemmen waren heel extreem gecast. Zo werd de jonge merrie Molly gezongen door een ultrahoge coloratuursopraan. De noten die zij moest zingen waren nog hoger dan de aria's van Mozart uit *Die Zauberflöte*. Het was niet normaal wat de Amerikaanse zangeres ons liet horen. Het leek werkelijk op het hoge hinniken van een paard, maar dan zat er ook nog een melodielijn in. Majoor, het oude varken, werd gezongen door een Russische heel lage bas. Die kon dan weer zo laag zingen en met zoveel volume, dat ik er versteld van stond. Squealer, het varken dat altijd schreeuwt, was een tenor met een heel hoog bereik. Hierdoor klonk zijn partij heel schreeuwerig en pregnant. Raskatov typeerde de dieren met verschillende muzikale thema's. De ezel Benjamin 'balkte' en de paarden 'hinnikten'. De varkens maakten tussen hun zanglijnen door harde knorgeluiden. Zo ontstond het klankidioom van de boerderij.

Tijdens de repetitie keek ik heel goed naar de reactie van Raskatov. Wat vond hij ervan? Maar ook toen we stonden te zingen was hij uitermate opbouwend en aardig. Hij gaf complimenten en was blij met de stemmen. Er volgden zo nu en dan nog wat aanpassingen; soms herschreef hij wat noten of veranderde hij de dynamiek een beetje. Hij was nog steeds aan het componeren en creëren. Zo ging het gedurende de hele repetitietijd. We leerden elkaar allemaal goed kennen en het stuk werd ons steeds meer eigen. Ook al was het in beginsel niet de meest toegankelijke muziek, ik ging er steeds meer van houden.

Gedurende de productie merkte ik dat Raskatov en zijn vrouw Elena heel gezellig waren om mee om te gaan en mee te gaan eten. In beginsel was ik wat terughoudend. In de operawereld zijn zij heel beroemd en ik wilde hun niet tot last zijn. Maar ik merkte dat ze het gezellig vonden aan tafel en dat ze steeds moesten lachen om mijn gekke verhalen en grapjes. Hierdoor werd ik steeds vrijer. Maar ik ben heel beleefd opgevoed, dus ik bleef keurig meneer en mevrouw Raskatov zeggen.

Na een tijdje nam Maestro Raskatov me even apart. Hij gaf me een compliment over hoe ik de boerin gestalte gaf en zei dat hij trots was hoe wij in Nederland met hem deze opera tot leven wekten. Maar ik moest hem niet almaar maestro noemen. Ik mocht hem tutoyeren. Zijn vrienden noemden hem Sacha, de

Russische koosnaam voor Alexander, en dat mocht ik ook doen. Dat werkte nog prettiger.

Ik voelde me natuurlijk zeer vereerd. 'Dank je wel lieve Sacha,' zei ik. 'Het is net alsof ik "Wolfje" mag zeggen tegen Mozart.'

We barstten in lachen uit.

Alexander 'Sacha' Raskatov

Google Translate

Al meer dan vijftien jaar werk ik samen met Gregor Bak. Van huis uit is hij musicoloog en in vroeger jaren was hij te zien als presentator bij de NCRV. We kwamen elkaar weleens tegen bij concerten waar ik moest zingen en hij de dagpresentator was. Maar de allereerste keer dat ik hoorde dat hij geweldig piano kon spelen was op een cd-presentatie van mijn zangjuf Dobrinka. Ik weet bij God niet meer welk jaar dat was, maar het was een hele happening in een pianowinkel te Scheveningen.

Dobrinka had een cd opgenomen met een Bulgaarse pianiste. Samen zongen en speelden ze Bulgaarse klassieke muziek. Ik ging naar de presentatie toe met mijn vader en broertje Tim. Gregor was daar ook. De presentatie bestond uit een mooi concert, daarna zou een cd-verkoop met borrel volgen.

Na een halfuur gingen de meeste mensen al weg, maar Gregor en wij bleven langer hangen. In de pianowinkel stonden natuurlijk prachtige piano's en vleugels. Je mocht er ook op spelen en zo kwam het dat Gregor achter een vleugel ging zitten. Hij speelde de ene hit na de andere en verbond ze, al improviserend, vaardig aan elkaar. Op een gegeven moment begon hij aan het repertoire van Ramses Shaffy. Noem al zijn geweldige liederen maar op; Gregor speelde ze met veel energie en plezier. In onze familie zijn we allemaal gek op Shaffy, maar mijn broer Tim kent dan ook nog alle teksten uit zijn hoofd. Zijn stem is bijna nog mooier dan de mijne. Hij heeft een zogenaamde natuurstem en zingt heel gemakkelijk, zonder ooit les te hebben gehad. Tim begon uit volle borst mee te zingen en het werd een festijn van jewelste.

Jaren later belde Gregor me op om te vragen of ik als zangeres mee kon gaan naar concerten die hij gaf voor de Rabobank. Ik zei meteen ja. Gregor presenteerde en speelde leuke, toegankelijke muziek voor mensen met allerlei achtergronden. Ik was als operazangeres een kers op de taart. De inleidingen bij mijn aria's gaf ik zelf. Dat ik dat kon, had ik al ervaren op een concertserie met Ernst Daniël Smid. De concerten met Gregor werden zo leuk gevonden dat hij en ik steeds vaker werden gevraagd. Hierdoor kreeg ik het idee om theatrale recitals te maken waarbij Gregor mij zou kunnen begeleiden. In de vijftien jaar dat ik met Gregor samenwerk hebben we al vier theatervoorstellingen gemaakt.

We zitten altijd samen in de auto op weg naar die concerten en praten dan honderduit met elkaar. Gregor is in al die jaren niet alleen mijn pianist, maar ook mijn chauffeur, mijn therapeut, mijn kok en een heel goede vriend geworden. Hij is een soort bonusbroer.

In heel veel dingen lijken we op elkaar. We zijn allebei strontеigenwijs en we kunnen nogal druk zijn; Gregor is soms net een stuiterbal. We hebben goede gesprekken over muziek, en hebben ongeveer dezelfde smaak. We praten over de politieke toestanden in Nederland en de wereld. En ik zit altijd te zeuren over de overgang, want dat is het grote thema van het moment en het heeft veel effect op hoe ik me voel en hoe ik zing.

Wat ik dan niet altijd doorhad was dat Gregor al die verhalen zelf nog moest verwerken nadat hij me thuis had afgezet. Hij gaat na een voorstelling niet meteen naar bed, maar blijft meestal nog een uurtje op om af te wikkelen. Soms gaat hij ook nog achter de vleugel zitten en schrijft hij ineens een melodie met tekst.

Gregor heeft zo al een paar mooie liedjes voor me gemaakt, maar het lied dat me het meeste doet is 'Amore e musica'.

Als uitgangspunt voor dit lied heeft hij een paar noten genomen uit het 'Libera me' van het *Requiem* van Fauré. Daar is hij zelf op door gaan componeren. Vervolgens schreef hij een tekst die gaat over mijn leven. Dat ik vroeger twijfelde aan mezelf, maar daarna de muziek en mijn grote liefde Jacqueline heb gevonden. Haar naam wordt niet genoemd in het lied. Gregor heeft het poëtisch opgeschreven. Daarna heeft Gregor zijn tekst door Google Translate geduwd. Hij wilde een Italiaanse versie hebben, want het moest een beetje Andrea Bocelli-achtig zijn. Een operanummer met een hippe beat eronder.

Om zich ervan te verzekeren dat het echt goed vertaald was, ging Gregor nog even naar zijn Italiaanse traiteur Fabio Cappelano om de hoek van zijn woning. Deze man heeft de tekst gelezen en barstte in huilen uit: 'Wat een tragisch leven heeft deze vrouw!'

Nou overdrijf ik natuurlijk gigantisch. Ik ben nou eenmaal een dramatische sopraan en ik stelde me zo voor dat Fabio dit met een zwaar Italiaans accent uitriep terwijl de tranen over zijn wangen liepen. Zo ging het natuurlijk niet, maar hij vond het wel een mooie tekst. Gelukkig klopte het grammaticaal ook nog. Toen heeft Gregor het lied aan me gegeven en sindsdien zing ik het heel graag bij al mijn voorstellingen.

Un bella storia, di amore e musica
Un bella storia, di passione, a volte tragica.
Non ero stabile, non è stato facile
riconoscere il mio sentimento

Amore e musica,
li ho scoperti entrambi nella mia vita
da bassa e ad alta quota,
è così che va

Un bella storia, sul dubbio e censoria.
Un bella storia, sulla mia decisione magica.
Perché la amo, le do un bacio.
Lei è l'amore della mia vita.

Een mooi verhaal over liefde en muziek
Een mooi verhaal, vol passie, soms tragisch.
Ik was niet stabiel, het was niet makkelijk
Om mijn gevoel te herkennen.

Liefde en muziek,
ik heb ze allebei in mijn leven gevonden
van laag tot grote hoogtes,
dat is hoe het gaat.

Een mooi verhaal, over twijfel en censuur.
Een mooi verhaal, over mijn magische beslissing.
Omdat ik van haar hou geef ik haar een kus.
Zij is de liefde van mijn leven.

Gregor Bak

Monique

Vandaag zit ik om tien uur in de repetitiestudio. Om me heen zitten zes zangers. Ik zit in het midden. Het is de eerste muzikale repetitie van een totaal nieuw gecomponeerde familie-opera: *De piratenkoningin*.

Drie keer raden wie dat is. Ik mag binnenkort het toneel op als een echte piraat, compleet met gouden oorbellen en ooglapjes. Toen ik gevraagd werd om deze rol te zingen, zei ik meteen ja! Wie wil er nou niet een piraat spelen en in de voetstappen treden van Errol Flynn en Johnny Depp?

En dan is deze opera ook nog eens gecomponeerd door een vrouw. Dat werd tijd, zou ik zeggen. Want in de wereld van de opera zijn er heel veel vrouwen te vinden, maar altijd als zangeressen en karakters in de opera's zelf. Vrouwelijke operacomponisten zijn pas in onze eigen tijd bekender aan het worden.

Waren er vroeger dan geen vrouwelijke componisten? Natuurlijk wel. Bekende namen uit voorbije tijden zijn Hildegard Von Bingen en Belle van Zuylen. In de zeventiende eeuw was er ook echt een operacomponiste: Francesca Caccini. Zij was de dochter van de componist Giulio Caccini. Ze heeft naar verluidt vijf opera's geschreven. Heel bijzonder in een periode waarin vrouwen vaak werd verboden te spelen of te zingen op het toneel.

In de negentiende eeuw zien we meer vrouwen die muziek schrijven, maar die hebben het heel erg moeilijk. Ze zijn getrouwd met beroemde mannen. Eigenlijk moeten ze dienstbaar zijn aan de kunst van hun man. En we weten nu pas dat ze hun echtgenoten vaak hielpen bij componeren en zelf soms mooiere stukken schreven. We hebben het hier over Fanny Mendelssohn, Clara Schumann en Alma Mahler.

Van Alma is ook bekend dat zij echt werd tegengehouden door haar man Gustav om te componeren. Hij vond het niet gepast dat zijn vrouw nieuwe muziek maakte. Ik vraag me weleens af of de mannen rond deze vrouwen niet heel bang waren dat ze overschaduwd konden worden door het talent van hun vrouwen. Gelukkig zijn de tijden veranderd en zijn er steeds meer vrouwen te zien als dirigent en als componist.

Door de emancipatie in de twintigste eeuw kregen vrouwen steeds meer rechten. Zo konden ze steeds meer naam maken in kunstzinnige beroepen die daarvoor meestal door mannen werden bezet. Bekende componistes uit onze tijd zijn de Russische Goebaidoelina en de Nederlands-Griekse Calliope Tsoupaki.

In Monique Krüs hebben we een componiste die zich echt toelegt op het schrijven van opera's. Natuurlijk componeert ze van alles. Ze heeft geschreven voor film en voor de concertzaal. Maar van huis uit is ze zelf een ontzettend goede operazangeres. Toen ze jong was, richtte ze samen met Corina van Eijk Opera Spanga op. Corina kon dan lekker regisseren en Monique zong de sopraanpartijen in de opera's die ze op poten zetten in de Friese weilanden. Maar Moniques ster rees snel en ze kreeg een internationale grote zangcarrière. Ze zong met belangrijke dirigenten als Reinbert de Leeuw, Edo de Waart en Jaap van Zweden. Ze kon alles zingen, maar was ook heel goed in moderne hedendaagse vocale muziek. Ondertussen componeerde ze altijd. Van kleins af aan schreef ze al melodietjes op. En tijdens al haar omzwervingen als operazangeres bleef ze muziek schrijven.

Na een paar succesvolle stukken te hebben geschreven voor films stortte ze zich in 2007 op het schrijven van een avondvullende opera. In dat jaar keerde ze terug naar Opera Spanga om de opera *Gods videotheek* te maken. Ik heb deze opera gezien en hoorde Monique zelf zingen in dit geweldige stuk.

In de opera gaat het over hoe de mens zich verhoudt tot God en de dieren. De drie hoofdpersonen zijn op weg naar een farmaceutisch congres om vooral veel geld te verdienen. Helaas komen ze door een noodlottig ongeval om het leven, maar gaan niet gelijk naar de hemel. Eerst zitten ze in een voorgeborchte dat is aangekleed als een videotheek. God bewaart daar videobanden met beelden uit de levens van de drie hoofdpersonen. De drie moeten terugkijken op hun leven en zien of ze de juiste keuzes hebben gemaakt.

Ik was voor het eerst in Spanga om een opera te zien. Meteen werd ik weggeblazen door het onderwerp, de zangers en de muziek van Monique. Het was modern, maar met veel toegankelijke melodielijnen. En net als bij de grote oude operacomponisten zorgde de muziek ervoor dat het verhaal versterkt werd. De emoties van de teksten hoorde je terug in de muziek.

Vanaf dat moment bleef ik altijd benieuwd naar nieuwe stukken die Monique componeerde, en een paar jaar later werd ik op mijn wenken bediend, want toen zag ik een opera die volgens mij een van haar beste stukken is: *Anne en Zef*.

Ook deze opera speelt zich af in het hiernamaals. Maar dit keer zien we Anne Frank en Zef Bunga. Beiden hebben hun jeugd opgesloten gezeten en zijn daarna vermoord. Anne Frank kennen we door haar indringende dagboek. Zef Bunga is wat minder bekend. Hij is een jongen uit Albanië die vanwege eerwraak niet meer naar buiten kan; als hij vrij rondloopt, is de kans groot dat hij wordt vermoord. Na twee jaar binnen zitten houdt de jongen het niet meer uit. Hij vlucht naar buiten en wordt inderdaad meteen omgebracht door een familielid. In de hemel komen Anne en Zef elkaar tegen. Zef vertelt over zijn familie en de last van de bloedwraak. Anne vertelt uit haar onbekende dagboek, over het leven in de kampen, van de rust van eindelijk niets meer te vrezen. Hoe hadden ze kunnen bedenken dat iets waarvoor ze zo bang waren, de dood, zo zacht kan zijn.

Deze opera maakte een verpletterende indruk op me. En wederom was Monique in staat geweest precies de juiste muziek te maken voor dit zware maar ook leerzame en hoopvolle verhaal.

Ik sprong dus een gat in de lucht toen ik hoorde dat ik mocht zingen in een nieuwe opera van Monique. Deze heeft geen zwaar thema, wel een belangrijk onderwerp: de kracht van vrouwen. De opera is bedoeld als familievoorstelling en we gaan ook spelen voor scholen. Er zit veel humor in, en wat mij betreft is dat de beste manier om een belangrijke boodschap over te brengen.

Piratenkoningin gaat over de wees Oona die samen met haar pleegbroertje Toby in een weeshuis vlak bij het strand woont; stel je zo'n soort weeshuis voor als in de musical *Annie*. Ze hopen eindelijk geadopteerd te worden en zo weg te kunnen bij een heel vervelende weeshuisdirecteur. Helaas worden ze niet geadopteerd. Oona verdwijnt weer in haar lievelingsboek over piraten en droomt ervan zelf piraat te zijn. Als Oona voor straf weer is opgesloten in een hok komt Queen Anne tot leven uit een schilderij dat in het weeshuis hangt. Zij is gek op kleine, lieve kindjes en ontvoert Toby. Ze neemt Toby mee op haar galjoen en verandert hem in een konijntje. Zo kan ze goed met hem knuffelen. Oona is ten einde raad. Ze kan niet zonder Toby en leest weer in haar boek. Dan verschijnt het spook Grace O'Malley, de piratenkoningin. Zij blijkt de oma van Oona te zijn en samen gaan ze op pad om Toby te redden. Met een paar sullige maar lieve piraten lukt het Oona uiteindelijk om Toby heelhuids terug te krijgen. Ze wordt zelfs kapitein op het piratenschip. Grace is heel trots; Oona en Toby kunnen blij de toekomst in.

De repetitie is in volle gang. Monique heeft zeemansliederen voor de piraten geschreven en muziek waarbij Queen Anne wisselt van heuse adellijke dame tot hysterische ui. De melodieën voor mijn personage zijn helemaal te gek. Ik zing uithalen, waardoor ik inderdaad heel spookachtig kan zijn, maar soms maak ik ook droog-komische opmerkingen. Monique kent me goed, ze heeft muziek voor me geschreven die lekker zingt en goed bij me past.

Het verbaast me telkens weer hoe iemand klanken in zijn hoofd heeft en die zo weet op te schrijven dat wij die zo kunnen vertolken naar muziek die we mooi vinden, waarmee we mensen kunnen ontroeren of aan het dansen krijgen; dat we met zijn allen het gevoel hebben dat we met rum en Jack Sparrow op een schip meevaren.

Als ik Verdi of Puccini zing, mijmer ik vaak weg en dan zou ik wel terug willen in de tijd om aan die grote componisten te vertellen wat hun muziek voor me betekent. Helaas kan dat niet meer. Maar gelukkig is Monique nog springlevend. En dus neem ik me voor haar steeds te vertellen hoe bijzonder haar muziek is en dat het te gek is om te zingen en te spelen.

Aaaaarrr, potverpaling! Wat een heerlijke opera!!!

Monique Krüs

Akte 3

Mijn lievelingen...

Het spook van de opera

Binnenkort ben ik weer een paar weken in Enschede voor een operaproductie. Ik rijd dan keurig over de grote weg richting het oosten en op een gegeven ogenblik komen de wegaanduidingen voor Enschede. Meestal wordt dan ook al de weg gewezen naar Osnabrück. Dat ligt nog twee uur rijden van Enschede en ik heb heel goede herinneringen aan deze kleine Duitse stad. In Osnabrück heb ik één keer mogen meemaken wat het is om in een Duits operahuis te mogen zingen.

Voor operazangers is het redelijk normaal om hun carrière in Duitsland te beginnen. Ze zingen daar een paar jaar in een ensemble, leren heel goed het operavak en kunnen zich zo veel rollen eigen maken.

Toen ik zelf net was afgestudeerd deed ik ook audities in Duitsland. Maar ik werd betrekkelijk snel aangenomen in het ensemble bij Opera Zuid in Maastricht. Eerlijk gezegd kwam me dat heel goed uit. Ik had heel lang thuis bij mijn ouders gewoond en wilde eigenlijk niet te ver weg van huis. Vanaf dat moment kreeg ik altijd werk in Nederland.

Ik deed auditie bij een klein maar fijn gezelschap met de naam Opera Trionfo en werd aangenomen voor een rol in een opera die nog nooit in Nederland was uitgevoerd. Het was de opera *Owen Wingrave* van Benjamin Britten. Dit stuk was oorspronkelijk geschreven voor de Britse televisie. Het werd voor het eerst uitgevoerd in 1973 en gaat over oorlog en pacifisme. Britten was zelf een uitgesproken pacifist. Hij was zelfs voor de Tweede Wereldoorlog weggegaan uit Engeland om niet te hoeven vechten in het leger. Deze opera, die hij vlak voor zijn dood schreef, is een aanklacht tegen alle facetten van oorlog, specifiek de Vietnamoorlog die op dat moment hevig woedde. De opera kreeg veel kritiek te verduren als eendimensionale anti-oorlogspropaganda. Dat oordeel kleefde lang aan dit ontroerende stuk; daarom werd het zelden opgevoerd.

De opera is gebaseerd op een roman van Henry James.

Owen Wingrave zit op de militaire academie. Hij is voorbestemd een hoge militair te worden en volgt zo zijn voorouders in de lange lijn van de Wingrave-familie. De Wingraves hebben alle eeuwen gevochten bij beroemde veldslagen als Agincourt, Sebastopol en Waterloo.

Maar Owen verafschuwt oorlog en wil zijn militaire loopbaan opzeggen. Zijn mentor Coyle waarschuwt hem dat zijn familie dit niet in dank zal afnemen. Hij moet en zal het leger in. Owen houdt voet bij stuk en vraagt zijn mentor het nieuws over te brengen aan zijn tante, Miss Wingrave. Het echtpaar Coyle gaat inderdaad naar het familiehuis Paramore om de familie Wingrave te ontmoeten.

Owen is al thuisgekomen en de familie is op de hoogte gebracht van zijn plannen. Hij wordt verre van hartelijk welkom geheten door zijn tante, zijn verloofde en zijn aanstaande schoonmoeder. Ze beginnen meteen met allerlei argumenten en manipulatie op hem in te werken. Hij moet en zal gewoon het leger in gaan. Maar Owen houdt voet bij stuk.

In de avond, wanneer iedereen aan het diner zit, en zelfs zijn grootvader, die generaal is geweest, hem dwingt te doen wat de familie wil, komt het conflict tot een uitbarsting. Mrs Coyle is bang voor de familie en meent dat het spookt in huis. In Paramore waren allerlei geesten rond. Door de vele oorlogen zijn er veel slachtoffers gevallen in de familie. Een berucht familieverhaal gaat over een oude Wingrave die zijn kind doodsloeg omdat het niet wilde vechten. Zou de geschiedenis zich nu herhalen? Er is in ieder geval een vervloekte kamer in het huis. Alles komt tot een hoogtepunt wanneer Owen hoort dat hij totaal onterft wordt door zijn grootvader. Hij is geen Wingrave meer. Hij heeft schande gebracht over de familie. Hierdoor is zijn verloving ook op losse schroeven komen te staan.

Kate, de verloofde, vraagt Owen om een keer zijn moed te tonen en te gaan slapen in de vervloekte kamer. Owen doet dat. De volgende ochtend vinden ze hem echter dood in die kamer. Niemand weet wat er precies is gebeurd. Owen is omgekomen op het slagveld van zijn familie Wingrave.

Ik speelde de rol van tante Wingrave. Ik had een prachtig negentiende-eeuwse zwarte jurk aangemeten gekregen en liep als een zware tank over het toneel. Elke keer als de zachtaardige Owen iets tegen me zei, schreeuwde ik keihard terug en sidderde hij voor zijn familie.

Benjamin Britten is geniaal in het typeren van zijn karakters in de geschreven muziek. De ontvangst van Owen door de drie vrouwen is een heel spookachtig trio. Onze regisseur, Floris Visser, had er met de belichting voor gezorgd dat onze schaduwen heel groot en duister over Owen heen vielen. Het was ontzettend spooky.

Tijdens een van de voorstellingen kwam ik in de Koninklijke Schouwburg te Den Haag keihard ten val in de coulissen met die enorme jurk aan. De technici schrokken zich dood, omdat ze die tank ineens om zagen vallen. Ik had mijn enkel verstuikt en kon eigenlijk niet meer lopen. Ik moest alleen nog mijn slotaria zingen. Langzaam kwam ik op met een kaars in mijn hand. Ik vertelde aan de familie dat Paramore zou blijven bestaan, ondanks mijn onterfde neef. Daarna zei ik iedereen goedenacht en ging ik af. Door de adrenaline geholpen ging het me nog best aardig af. Toen ik na afloop met een groot verband hinkend kwam afbuigen, dacht mijn familie dat ik een geintje maakte. Maar niets was minder waar. Vervolgens lag ik drie dagen met mijn poot omhoog.

Onze productie was een groot succes en we tourden gezellig door Nederland. De muziek was bepaald niet gemakkelijk in het oor liggend, maar de cast was goed gekozen en de regie van Floris werkte ijzingwekkend goed. Het nieuws van ons succes ging ook over de grens. Zo kwam het dat het operahuis van Osnabrück de productie wilde hebben. Dat gebeurt vaker in operaland. Dan neemt een operahuis het decor en de regie over en voert het uit met eigen zangers.

Floris was natuurlijk in zijn nopjes met de goede ontvangst van zijn visie op het stuk. Wij gingen er als zangers niet van uit dat we mee konden gaan naar Duitsland, maar op een dag werd ik gebeld door een vreemd nummer. Het was de intendant van Osnabrück. Ze waren ook erg onder de indruk geweest van mijn vertolking en hadden zelf geen dramatische sopraan in het ensemble. Of ik de rol bij hen ook wilde zingen. Ik werd als het ware mee gekocht in het decor.

Ik zei meteen ja, want ik vond het een prachtig stuk. Zodoende ging ik vier maanden naar Duitsland om te zingen bij een echt Duits operahuis. Alles werd voor me geregeld. Ze hadden zelfs huisvesting voor me. Zou ik het erg vinden om in het appartement te zitten van het huis zelf? Natuurlijk niet. Ik vond het heel bijzonder dat het operahuis ook appartementen in het gebouw had.

En meteen moest ik denken aan het Spook van de opera. Dat woonde ten slotte ook in de krochten van de Parijse Opéra. Vanaf dat moment was ik het spook van Osnabrück en zong ik in die prachtige, griezelige en spookachtige opera van Benjamin Britten.

Francis als Miss Wingrave

De laatste op het schavot

Er is een heel bijzondere eigentijdse opera waarin de karakters op een gruwelijke manier aan hun eind komen. Toen ik het stuk voor het eerst zag, was ik helemaal kapot van het verhaal. Het is een Franse opera met in de hoofdrol kloosternonnen, gecomponeerd door Francis Poulenc; *Dialogues des Carmelites.*

Poulenc was in de twintigste eeuw een van de belangrijkste Franse componisten. Hij schreef veel kamermuziek, koormuziek en bijzonder mooie liederen voor solostem. In de jaren twintig maakte hij deel uit van een club componisten die de Groupe Des Six werd genoemd.

Deze componisten wilden zich verzetten tegen de zware romantiek van Richard Wagner en schreven mooie, lichtvoetige salonmuziek. Poulenc was een autodidact, maar hij wist een heel nieuw klankidioom te maken terwijl er in die tijd gedacht werd dat er nog weinig nieuws te ontdekken viel in de moderne muziek.

In 1936 gebeurden er twee dingen in het leven van Poulenc waardoor hij zich weer tot het rooms-katholicisme wendde. Eerst verongelukte er een medecomponist en vriend, Pierre-Octave Ferroud. Het gebeurde op vrij gruwelijke wijze: hij werd onthoofd bij een auto-ongeluk. Een paar dagen later bezocht Poulenc de bedevaartplaats Rocamadour. Hij was zeer onder de indruk van deze plek, die hem terugbracht naar het geloof uit zijn jeugd. Bezield door de hervonden spiritualiteit schreef hij zijn meest katholieke opera.

Het verhaal speelt zich af tijdens de Franse Revolutie. De hoofdpersoon, Blanche, is van adel. Blanche is voor alles bang in het leven. Ze denkt rust te vinden in een klooster en treedt in bij de karmelietessen, al waarschuwt moeder-overste haar dat een klooster geen plaats is om naartoe te vluchten.

Blanche wordt novice. Ze raakt bevriend met zuster Constance, die heel optimistisch en gelovig is. Zij heeft een droom waarin ze ziet dat zij en Blanche samen zullen sterven. Blanche wordt opnieuw bevangen door angst, maar Constance is helemaal niet bang van deze droom.

Dan komt de broer van Blanche op bezoek en vraagt haar weg te gaan uit het klooster. Ook het klooster is een gevaarlijke plek tijdens de revolutie omdat de karmelietessen aristocratisch zijn. Blanche weigert. Ze is bang om te vertrekken. Dan komt de politie vertellen dat het klooster is genationaliseerd en dat de zusters hun habijten moeten opgeven. Ze worden gewone burgers.

Moeder Marie overtuigt haar zusters dat ze martelaren moeten worden in dienst van Frankrijk. Hierop vlucht Blanche wel weg uit het klooster. Ze gaat naar haar ouderlijk huis en hoort het gruwelijke nieuws dat haar vader net is gestorven onder de guillotine.

Dan worden ook alle zusters gearresteerd en veroordeeld tot de guillotine. Allemaal gaan ze als martelaar naar het schavot. Terwijl ze het 'Salve Regina' zingen, worden ze stuk voor stuk onthoofd.

In de menigte kijkt Blanche ontzet naar haar medezusters. Zuster Constance, die klaarstaat bij de guillotine, ziet Blanche in de menigte staan en glimlacht naar haar. Blanche beseft dat Constance totaal niet bang is voor de dood. Voor Constance betekent de dood namelijk het nieuwe leven in de hemel. Het rotsvaste geloof van Constance zorgt ervoor dat Blanche niet meer bang is. Zij loopt uit de menigte naar de guillotine toe en zal haar zusters volgen in de dood, terwijl ze de hymne 'Veni creator spiritus' zingt.

Poulenc schreef voor deze laatste scène de mooiste, meest ijzingwekkende muziek die je je maar kunt voorstellen. Het grote orkest is namelijk verrijkt met een extra instrument: de guillotine. In de scène waarin het 'Salve Regina' wordt gezongen door het vrouwenkoor van zusters komt steeds op een onverwacht moment de schuivende klap van de guillotine in de muziek. Het geeft een enorme schok als je dat voor het eerst hoort. Meteen is er ook een stem weg uit het koor. Elke keer na zo'n schokkende klap valt er een stem weg. Zo dunt het koor uit totdat alleen Constance solo overblijft. Als luisteraar krijg je het ijskoud van deze scène.

Ik studeerde aan het conservatorium en had een abonnement voor de Nationale Opera. Daarmee kon ik voor weinig geld drie keer, op de vierde rang, naar de opera.

Zo'n twintig jaar geleden werd de opera uitgevoerd in een regie van Robert Carsen. Ik had nog nooit zoiets moois gezien. In de rol van de oude moeder-overste zong Rita Gorr, die deze rol ook al had gezongen in de opera bij de première in Parijs in 1957.

Zuster Constance werd gezongen door de geweldige Claron McFadden. Zij werkte in dat jaar bij ons op het conservatorium als zangdocente.

De eerste keer dat ik het zag, zat ik aan mijn stoel als genageld. Elke scène was zo raak dat die me enorm ontroerde. De angst, die steeds door het stuk als rode draad liep, was zo voelbaar dat de slotscène met de guillotine een culminatie was van het hele stuk ervoor. Het was meteen ook een soort verlossing. De regisseur had deze scène zo mooi gezet. Je zag de zusters weer in hun habijt staan zonder sluier. En ze dansten tijdens het zingen staande op hun plaats een heel mooie, rustige choreografie. Als de guillotine viel, ging de 'gestorvene' heel rustig liggen op de grond met de armen wijd gespreid terwijl de andere zusters doorgingen. Het was adembenemend.

Ik was zo onder de indruk van het hele gebeuren dat ik er de volgende dag op school honderduit over vertelde aan Femke. Zij zei meteen dat ze er ook naartoe wilde, dus we bestelden kaarten. Ik kon niet wachten om de opera weer te zien en ik was heel erg benieuwd hoe Femke hem zou vinden.

Een paar dagen later zaten we samen in de Stopera. De lichten gingen uit en daar begon de opera weer. Ik voelde weer diezelfde ontroering. Maar met alles wat je voor de tweede keer ziet... Het is toch anders. De emoties waren iets minder heftig en ik zag nieuwe dingen die ik de eerste keer niet zag.

Voor Femke was het wel de eerste keer; zij werd direct geraakt door de muziek en het verhaal. Ik dacht tot dan toe dat ik de enige jankerd was bij mooie muziek, maar Femke naast me spande de kroon. Ze begon te huilen naast me halverwege de eerste akte en haar tranen stroomden door tot het einde van de opera.

Het slotapplaus klonk en wij liepen samen in stilte weer naar buiten. We hadden heel wat te verwerken.

Ik zeg altijd dat Femke in haar gevoel en gedrag een soort superromantische reïncarnatie is van een negentiende-eeuwse pianiste. Een tweede Clara Schumann.

In de negentiende eeuw waren de mensen vaak zo onder de indruk na het zien van een opera of een toneelstuk dat ze dachten dat wat er op het toneel gebeurde ook de werkelijkheid was. Dat de personages op het toneel dezelfde karaktereigenschappen hadden als de mensen die ze portretteerden. Zo kon het voorkomen dat slechteriken werden opgewacht bij de artiesteningang door verbolgen toeschouwers, om rake klappen te krijgen.

Iets vergelijkbaars gebeurde de volgende dag op school. Femke en ik liepen over de gang en spraken nog na over de slotscène en hoe mooi Constance haar dood tegemoet ging. Op dat moment liep Claron McFadden door de gang. Ik zei haar enthousiast gedag en feliciteerde haar met haar succes in de rol. We hadden enorm genoten, vertelde ik. Naast me stond Femke en ik zag aan haar gezicht dat ze even twee keer moest kijken of het wel echt Claron was. Ze was immers de avond ervoor toch doodgegaan?

Francis Poulenc

Elektra

Het is vreselijk slecht zomerweer. De onweerswolken komen onheilspellend aanstormen en onze regisseur Corina stuurt iedereen naar de caravans op het weiland. Deze caravans dienen als kleedkamers; ze staan naast de grote, witte tent waar we de opera zullen gaan opvoeren. Iedereen vlucht snel naar binnen.

Onze dirigent David Levi is een lieve, neurotische man uit New York. Hij wordt zo zenuwachtig door Corina's paniek dat hij met een wilde beweging zijn caravan in springt. Daarbij lijkt hij een beetje op de gekke buurman Kramer uit de serie *Seinfeld*. Door de ongecontroleerde sprong stoot hij keihard zijn kale hoofd tegen de ijzeren bovenrand van de deur.

Ik zit in een caravan verderop en heb helemaal niet door dat dit allemaal gaande is. Ik ben namelijk doodsbang voor onweer en mijn collega probeert me rustig te houden door voor me te zingen uit *The Sound of Music*.

Gelukkig houdt het onweer op en de voorstelling kan beginnen. Ik zit op positie op de bühne en zie David aan komen lopen naar zijn plek op de bok. Hij buigt eerst naar het publiek en dan draait hij zich om. Een grote spot schijnt op hem. Op zijn kale hoofd zijn twee grote witte pleisters in kruisvorm over elkaar heen geplakt. In het midden groeit een rode vlek van het bloed dat nog steeds uit zijn hoofd stroomt. Ik heb medelijden met hem, maar het ziet er ook zo komisch uit dat ik heel veel moeite heb mijn lachen in te houden. Typisch een avond in Spanga. Daar gaat nooit iets normaal, en dat maakt het zo charmant.

David zet in. Daar begint de meest magistrale muziek uit de moderne operageschiedenis. Ik sta in de opera *Elektra* van Richard Strauss.

In deze opera zing ik de titelrol en het is de moeilijkste muziek die ik in mijn professionele carrière heb moeten instuderen. Ik ben op dat moment ook de jongste zangeres ooit die deze rol vertolkt. Meestal wordt die gezongen door grote dramatische sopranen van boven de vijftig. Je moet als zangeres een enorm groot uithoudingsvermogen hebben in dit stuk, want je staat van het begin tot het eind op het toneel. Het orkest bestaat uit tachtig mensen en ze spelen vaak heel luide passages. Als zangeres moet je over veel volume beschikken om er onversterkt overheen te zingen. Gelukkig heb ik een flinke strot.

Corina had me het jaar ervoor gevraagd of ik deze rol zou willen zingen. Ik had eerst erg getwijfeld, omdat ik wist hoe zwaar de partij voor mijn stem zou zijn. Maar dat had ik alleen van horen zeggen. Ik had de opera eigenlijk nooit goed gehoord. Ik zei dat ik eerst een opname moest luisteren om te kijken of ik deze rol zou kunnen zingen. Toen ik de muziek voor het eerst hoorde, was ik onder de indruk van de ingewikkelde harmonieën. Maar ik hoorde ook hoeveel kracht en rauwe emoties dit stuk had. Het sprak me meteen aan. Ik belde Corina en zei dat ik het graag wilde doen.

Daarna heb ik een jaar de tijd genomen om mijn rol goed in te studeren. Ik ging regelmatig naar een operacoach om me de lastige muziek eigen te maken en ben uitstekend begeleid door mijn toenmalige zangpedagoge Charlotte Margiono. Zij is een bekende Nederlandse sopraan die gespecialiseerd is in Mozart-opera's. Ze had gewerkt met grote dirigenten als Nicolaus Harnoncourt en John Elliot Gardiner. Ze had ook een rol gezongen in *Elektra*, kende de opera goed en kon me alle tips geven die ik nodig had.

Ik ben heel blij dat ik het ben aangegaan, want ik vind deze rol (naast Suor Angelica) het gaafste wat ik ooit heb mogen doen.

De opera duurt anderhalf uur en bestaat uit één akte. Het is een oud Grieks verhaal over een vrouw die haar vermoorde vader wil wreken. Haar vader Agamemnon is vermoord door haar eigen moeder Klytamnestra. Hierdoor heeft ze enorme haat naar die moeder. Elektra woont in de krochten van het paleis en zint op wraak. Ze wacht op de terugkomst van haar broer Orestes, die de moord op hun moeder moet voltrekken. Haar zus Chrysothemis wil dat Elektra stopt met al die haat en nijd en probeert haar te vertellen dat het leven door moet gaan.

Dan komt haar moeder met een vraag. Ze zoekt een remedie voor haar nachtmerries (ze is vreselijk bang dat Orestes haar komt doden) en vraagt aan Elektra wat ze daartegen moet doen. Welke dieren moet ze offeren? Elektra roept uit dat er maar één dier geofferd moet worden: zijzelf. Dan hoeft ze nooit meer eng te dromen. Op dat moment komen boodschappers Klytamnestra vertellen dat Orestes dood is. Ze veert blij op. Nu hoeft ze niet meer bang te zijn. Elektra raakt in paniek. Zij zal met een bijl zelf de moord moeten plegen.

Dan klopt er een vreemdeling aan de deur. Elektra wil hem wegwerken. Pas na een tijdje beseft ze dat het haar eigen broer Orestes is. Hij is helemaal niet vermoord. Ze is dolblij hem weer te zien; nu zal alles goed komen. Orestes vermoordt Klytamnestra en de dood van Agamemnon is gewroken. Elektra is zo gelukkig dat ze in extase danst totdat ze er dood bij neervalt.

De opera ging in 1909 in première in Dresden. Richard Strauss wilde met deze opera de zielen van het publiek zuiveren net zoals de oude Grieken dat hadden gewild met hun Griekse tragedies. Het begin bestaat uit akkoorden die meteen ook het ritme van de naam Agamemnon weergeven. Zo is de dode vader alom aanwezig.

De muziek ligt niet heel gemakkelijk in het oor. Maar door de dramatische verhaallijn en de relatie tussen Elektra en haar moeder wordt het publiek helemaal in deze opera opgezogen. Het is van het begin tot het eind spannend.

Aanvankelijk vond ik het erg lastig om Elektra te spelen. Ze is vervuld van haat, woedend en onaangepast. Ik lijk totaal niet op haar. Waarachtig haar gevoelens spelen en zo zingen dat het publiek geloofde dat ik Elektra was, was een grote uitdaging. Ik vroeg aan Corina waarom ze mij eigenlijk wilde hebben voor dat psychisch ingewikkelde personage. Vooral echte haat is mij eigenlijk vreemd. En toen zei ze iets wat ik heb opgevat als een groot compliment. Ze wilde juist mij hebben omdat ik zo'n lief karakter heb. Ze zou mij handelingen geven en me zo regisseren dat ik de haat goed kon acteren. Maar de mensen zouden door mijn eigen karakter altijd sympathie blijven houden voor de persoon Elektra.

Bij Spanga heb ik acht keer de voorstelling mogen spelen en ik vond het geweldig om zoveel power te laten horen aan het publiek. Maar op de vierde voorstellingsdag kwam er een kink in de kabel. In de ochtend had ik geen stem: ik was snipverkouden geworden. Corina stond gespannen naast mijn bed en liet een dokter komen, want op zo'n korte termijn had ze natuurlijk geen vervanging voor mij. Ik kreeg een paardenmiddel voorgeschreven dat zou kunnen helpen mijn stem beter te maken.

De hele dag hield ik me rustig en in de middag kwam wonder boven wonder mijn stem langzaam weer terug. En dat zonder het medicijn in te nemen, want ik was een beetje bang dat de zware medicatie niet goed zou zijn voor mijn stembanden en wilde het even op zijn beloop laten; die pil slikken kon altijd nog. Hoe ik het gedaan heb, weet ik niet meer precies, maar de voorstelling begon en ik heb alles gezongen zoals altijd. Het vele studeren en de goede technische lessen wierpen hun vruchten af.

De rest van de voorstellingen heb ik op techniek en adrenaline goed kunnen zingen. Dat het publiek staande ovaties gaf, hielp natuurlijk enorm mee. Deze ervaring heeft ervoor gezorgd dat ik altijd kan zingen en optreden, hoe ik me ook voel. Als ik soms onzeker ben bij verkoudheid en ik begin thuis te emmeren of ik nog wel kan zingen, zegt Jacqueline steevast: 'Maak je toch niet zo druk, je hebt toch ook Elektra gezongen toen je doodziek was?'

Richard Strauss

Puccini is the bomb

Voor mij is Giacomo Puccini de allerbeste componist uit de hele geschiedenis van de opera. Vanaf het moment dat ik kennismaakte met zijn melodieën was ik kapot van de schoonheid en de emotie in zijn muziek. Ik begreep natuurlijk niet meteen wat het allemaal betekende, maar ze bezorgde me kippenvel en vaak tranen over mijn wangen.

Ik ging opnames verzamelen. In mijn studietijd kocht ik al zijn partituren. Ik heb een aantal biografieën van hem gelezen. Op concerten en recitals zing ik altijd muziek van hem. Je kunt me gerust een hysterische fan noemen en daar schaam ik me absoluut niet voor. Inmiddels heb ik het idee dat ik zijn muziek volledig begrijp. Ik heb het geluk gehad een paar opera's van hem te mogen doen en zong rollen in *Tosca*, *Gianni Schicchi*, *Suor Angelica* en *Il tabarro*. Het is niet altijd makkelijk om opera's van Puccini te zingen, want de dramatiek en de emoties kunnen de overhand krijgen en dan gaat je stem op slot. Maar als ik alles goed onder controle heb, is deze muziek geweldig om te zingen voor publiek. En als het goed is, krijgen de mensen in de zaal dan kippenvel en tranen over hun wangen.

Een dandy uit Toscane

Giacomo Puccini werd geboren in 1858 te Lucca in het prachtige Toscane. Hij komt uit een lange lijn van muzikale voorouders. De Puccini's waren voornamelijk werkzaam geweest als organisten en kerkmusici. Toen Giacomo vijf jaar werd, moest hij zelf op orgelles. Maar hij was helemaal nog niet zo bezig met muziek en vond de lessen erg saai.

Op zijn achttiende maakte hij een ommezwaai. Hij had gehoord van een groot evenement dat hij graag wilde meemaken en liep kilometers naar Pisa om een uitvoering van *Aïda* van Verdi bij te wonen. Deze opera maakte zo'n enorme indruk op hem dat hij een beslissing nam: hij wilde ook operacomponist worden en in de voetsporen van Verdi treden.

Puccini ging studeren aan het conservatorium in Milaan. Hij was een luie student met enorm veel talent. Samen met Pietro Mascagni leefde hij in een studentenkamer. De jonge mannen waren een stel arme sloebers. Dit kunstenaarsbestaan zou Puccini later inspireren voor zijn opera *La Bohème*. Net als zijn karakter Colline zou hij zijn winterjas verpanden om wat geld in zijn zak te hebben. Alleen gebruikte hij het om een mooie knappe ballerina een avond mee uit te nemen. Puccini ontlook als de echte womanizer en don Juan die hij zijn hele leven zou zijn.

Na twee jaar studie vond hij het tijd om mee te doen aan een compositiewedstrijd (net zo eentje waar Mascagni later de eerste prijs won voor zijn *Cavalleria Rusticana*), maar helaas won hij geen prijs. Hij kreeg wel een bijzondere vermelding. En in het publiek zat een belangrijke man: de muziekuitgever Giulio Ricordi, die alle belangrijke muziek van Verdi, Ponchielli, Catalani en Giordano had uitgegeven. Ricordi vond de compositie van Puccini geweldig en hij gaf hem opdracht voor het schrijven van een avondvullende opera. Wat een buitenkans voor een jonge componist. Maar in diezelfde tijd kreeg Puccini slecht nieuws. Zijn moeder was overleden. Puccini ging linea recta naar huis om alles te regelen; hij zorgde voor een mooie begrafenis, verdeelde de erfenis van zijn moeder en was een grote troost voor zijn zusjes. Puccini begon alleen niet met componeren aan zijn nieuwe opdracht.

Hij bleef veel langer hangen in Lucca dan gedacht, want Puccini was verliefd geworden en had een affaire met een getrouwde vrouw. Ze heette Elvira en was zelfs in verwachting geraakt van hem. De affaire kwam uit en veroorzaakte een enorm schandaal in het dorp. Puccini en Elvira vluchtten weg uit Lucca. De zusjes van Puccini, van wie er een een non was, waren totaal van de leg en schaamden zich diep voor het gedrag van hun broer. Elvira's man kookte van woede en bedreigde de twee overspelige geliefden met de dood. Ze moesten zich verstoppen op een geheime locatie.

Het duurde een paar jaar voordat alle commotie weer wat was gaan liggen. Ondertussen hadden Puccini en Elvira een zoontje gekregen en vele ruzies uitgevochten met hun beider families. Elvira was echter nog steeds niet gescheiden van haar man. Dat maakte voor Puccini niks uit. Hij was eindelijk begonnen aan het componeren voor Ricordi. Dit zou de opera *Edgar* worden. Helaas werd die een grote flop. Zou zijn carrière al eindigen voordat het überhaupt begonnen was?

Gelukkig blijkt *Edgar* meteen de laatste mislukte opera van Puccini te zijn. Ricordi vertrouwde op het talent van Puccini en gaf hem gewoon een nieuwe opdracht.

Giacomo Puccini

Succes!

Puccini betrok een nieuw huis aan een prachtig meer in Torre del Lago. Daar vond hij rust om te werken aan zijn volgende opera *Manon Lescaut*. Dit beroemde Franse verhaal was geschreven door Abbé Prevost.

Jules Massenet had al eerder een opera geschreven, gebaseerd op hetzelfde boek: *Manon*. Puccini vond het verhaal heel catchy en de muziek beviel hem ook wel, maar hij zou er een veel betere versie van kunnen maken. Ricordi raadde het hem af. Een opera met hetzelfde verhaal? Hoe zou hij die kunnen verbeteren? Puccini schreef hem in een brief:

> '*Massenet benadert het gegeven als een Fransman, met het accent op gepoederde pruiken en menuetten. Ik zal het benaderen als een Italiaan, met vertwijfeling en passie. Daarnaast kan Manon meer dan één minnaar hebben.*'

Manon Lescaut heeft prachtige aria's en een heel dramatisch einde waarin ze jammerlijk sterft in de woestijn terwijl haar geliefde een kopje water aan het zoeken is.

De première van *Manon Lescaut* was op 1 februari 1893 in Turijn. Het was meteen een hit op artistiek en op commercieel gebied. De opera maakte Puccini op slag rijk en beroemd.

In de zeven jaar daarna schreef hij nog twee kassakrakers: *La Bohème* (die heb ik al beschreven) en *Tosca* (die komt zo meteen aan bod, want dat is mijn aller-aller-allerliefste opera). Puccini leefde er goed van. Hij bouwde huizen, kocht auto's, ging jagen en leidde het leven van een rijke dandy.

Elvira was van huis uit een gedistingeerde vrouw met smaak en stijl. Maar wie gedacht had dat de roem en rijkdom van haar Puccini haar gelukkig zou maken heeft het helemaal mis. Na alle jaren van schandalen rond hun overspelige relatie was Elvira bitter en cynisch geworden. Daarnaast moest ze almaar meemaken dat haar man vreemdging.

Vrouwen, vrouwen, vrouwen…

Puccini en Elvira waren in al deze jaren nog steeds niet getrouwd en leefden dus samen in zonde. Schandalig, volgens de dorpsgenoten en de beide families. Maar daar bleef het tot groot verdriet van Elvira niet bij. Puccini hield veel van het vrouwelijk schoon en werd snel verliefd. Elvira was vreselijk jaloers en deed van alles om hem dwars te zitten. Ze had woede-uitbarstingen en stopte met eten. Ze ging achter Puccini aan als ze dacht dat hij bij een andere vrouw op bezoek was. Om Elvira rustig te houden, bedacht Puccini allerlei listen en smoezen. Hij huurde bijvoorbeeld een jongen in om piano te spelen in zijn studeerkamer. De jongen moest een paar uur de composities spelen waar Puccini mee aan het werk was. Elvira dacht dat Puccini rustig aan het werk was en stoorde hem niet. Puccini kon stiekem een paar uur weg om te vrijen met een ander.

Eén affaire dreef Elvira tot waanzin. Het nieuwe liefje van Puccini heette Corinna (het is overigens niet zeker of deze vrouw echt zo heette, in correspondentie wordt ze ook vaak 'de Piemontese' genoemd). Puccini was gek op haar en verzon allerlei smoezen om haar maar te kunnen ontmoeten. Op een dag zei hij dat hij ging jagen. Maar Elvira vertrouwde het niet. Ze ging naar het nabije dorp om te kijken of hij te vinden was bij zijn amant, want ze was er op de een of andere manier achter gekomen waar de twee hun rendez-vous hadden. Toen Elvira bij hun liefdesnestje aankwam, was Puccini alweer weg. Corinna wilde net een koets in stappen toen Elvira als een woeste kenau aanviel met haar paraplu. De koetsier zag de aanval en maande de paarden tot galop. De koets reed weg en Elvira viel in de goot.

Na een paar jaar voltrok zich een ander dramatisch moment in het leven van Elvira en Puccini. Het stel was onderweg in de auto samen met hun zoon Tonio en hun chauffeur. Het was mistig en plotseling raakte de auto van de weg. Hij bonkte de helling af en viel in een afgrond. Wonder boven wonder waren de chauffeur, Elvira en hun zoon niet gewond. Alleen was Puccini niet te vinden. Pas toen de auto weggetakeld was, vonden ze Puccini, buiten westen en met een verbrijzeld been.

Een dag na de crash hoorden ze van het overlijden van Elvira's man, met wie ze nog steeds was getrouwd. Hevig geschrokken van dit alles vroeg de familie van Puccini wanneer hij nou eindelijk met Elvira zou trouwen. Het leven kon zomaar ineens voorbij zijn; dit ongeluk was een teken dat hij een eind moest maken aan zijn affaire met Corinna. Na achttien jaar zou hij eindelijk in het huwelijk treden met zijn Elvira.

Madama Butterfly

Na de opera *Tosca* ging Puccini op zoek naar een libretto voor een nieuwe opera. Hij zag een toneelstuk in Londen, toen hij daar op bezoek was voor een première van *Tosca*. Het was een toneelstuk van David Belasco dat weer gebaseerd was op een novelle van ene John Luther Long. Het stuk heette *Madama Butterfly*.

Het gegeven van dit verhaal is de confrontatie tussen het Westen en het exotische verre Oosten, twee werelden die elkaar eigenlijk nooit zullen begrijpen.

Aan het eind van de negentiende eeuw en begin twintigste eeuw sloeg dit onderwerp in de kunsten enorm aan. Het exotisme en japonisme zorgden ervoor dat schilders, zoals bijvoorbeeld Van Gogh, beeldhouwers en musici inspiratie zochten in de mystiek en geheimzinnigheid van de oosterse cultuur. *Madama Butterfly* raakte ook aan de politieke realiteit. Kolonialisme en imperialisme waren op dat moment op hun hoogtepunt.

Puccini begon met componeren aan zijn *Madama Butterfly* in 1901 en zou steeds meer in de ban raken van het verhaal en zijn eigen muziek. Hij wilde weten hoe de Japanse cultuur in elkaar zat en liet in Japan opnames maken van authentieke muziek die hij naar Italië liet opsturen. Veel van die Japanse muziekthema's verwerkte hij in de muziek. Drie jaar lang werkte hij aan de opera en uiteindelijk vond de première plaats op 3 januari 1904, een week nadat Puccini de partituur had afgemaakt.

Madama Butterfly gaat over een jonge geisha van vijftien jaar die gaat trouwen met de Amerikaanse marine luitenant Pinkerton. Butterfly is echt verliefd op hem en zweert zelfs het geloof van haar voorouders af om met de Amerikaan te kunnen trouwen. Pinkerton wil alleen maar met haar naar bed. Het huwelijkscontract dat hij tekent is in Amerika gelukkig niet rechtsgeldig. Pinkerton is een lafaard. Na een wilde liefdesnacht is Butterfly in de zevende hemel. Daarna vertrekt Pinkerton naar Amerika. Hij belooft Butterfly dat hij terug zal komen.

Drie jaar later wacht Butterfly nog steeds op de terugkomst van haar grote liefde. Ze woont samen met haar bediende Suzuki en haar driejarige blonde zoontje in grote armoede. Als Sharpless, de Amerikaanse ambassadeur, komt vertellen dat Pinkerton terugkomt naar Japan is Butterfly dolblij. Ze heeft gelijk gehad. Maar Sharpless durft niet te vertellen dat Pinkerton terugkomt met zijn huidige Amerikaanse vrouw Kate. Ze willen het kind opeisen en het een goede Amerikaanse opvoeding geven.

Pinkerton durft Butterfly niet onder ogen te komen. Kate moet het maar aan haar vertellen. Nu komt de grote tragiek in het verhaal. Butterfly houdt nog steeds veel van Pinkerton, maar ze weet ook dat hij een nieuw leven heeft en zelf kan ze door armoede niet goed voor hun zoon zorgen. Hun zoon zal een veel betere toekomst krijgen in Amerika. Dat gunt ze haar geliefde kind natuurlijk. Ze geeft hem dus op. Haar hart is dan aan alle kanten gebroken en haar eer is weg. Het enige wat ze nog eervol kan doen is sterven. En dat doet ze dan ook door harakiri te plegen.

Wat een mooi verhaal is het toch en de muziek is werkelijk fantastisch. Het is moeilijk voor te stellen dat de opera op de première helemaal niet goed werd ontvangen. De toeschouwers floten en schreeuwden na afloop alles bij elkaar, zo slecht vonden ze het. Ook de recensies waren heel negatief: Puccini zou teren op vroegere successen en niets nieuw hebben gemaakt.

Diep geschokt annuleerde hij alle voorstellingen die nog gespeeld moesten worden. Daarna ging hij aan de opera sleutelen. Hij maakte verschillende versies totdat hij dacht dat het resultaat goed was. Uiteindelijk zou *Madama Butterfly* zijn lievelingsopera worden.

Deze opera van Puccini is in onze tijd best ingewikkeld om uit te voeren. Past het verhaal nog wel in onze nieuwe inzichten over kolonialisme en verbeelding van andere culturen? Het is een hele opgave voor regisseurs en operahuizen om *Butterfly* goed neer te zetten zonder voorbij te gaan aan de nieuwe, terecht gevoelige, issues. Toch blijft deze opera op de speellijsten van de grote operahuizen staan, omdat het Puccini op zijn best is. Alleen al de pure emotionele kracht in de laatste akte is ongelooflijk ontroerend. Het wachten van Butterfly op Pinkerton, het verraad en de ontgoocheling van de onschuldige geisha zijn allemaal op en top Puccini. Zijn theatrale geniale verklanking is onnavolgbaar. En de beroemde aria van Butterfly 'Un bel di vedremo' is terecht een van zijn grootste tophits geworden.

Deze opera is zelfs zo beroemd geworden, dat de musicalwereld een eigen versie van het verhaal wilde hebben. Dit heeft geresulteerd in een prachtige en heel dramatische bewerking: *Miss Saigon*. In deze musical zien we precies hetzelfde verhaal als in *Butterfly*. Er zijn maar een paar verschillen: de musical speelt zich af ten tijde van de Vietnamoorlog en Chris (gebaseerd op Pinkerton) is sympathiek en echt verliefd op Miss Saigon. Voor de rest is de tragedie net zo heftig en eindigt het voor Miss Saigon ook met een zelfgekozen dood.

Doria Manfredi

Zo tragisch als de opera's van Puccini zijn, zo tragisch was soms ook zijn eigen leven. Daar had hij natuurlijk vaak zelf schuld aan. In de jaren na *Madama Butterfly* verslechterde het huwelijk van Puccini met Elvira. Hij gaf heel veel aanleiding aan het moeilijke, jaloerse gedrag van Elvira. Zij werd almaar achterdochtiger en haalde van alles uit de kast om Puccini in het gareel te kunnen houden.

Het grootste dieptepunt in hun huwelijk kwam toen een dienstmeisje met de naam Doria Manfredi bij hen kwam werken. Dat was een heel lief kind dat keihard werkte. Elvira haalde het in haar hoofd dat Puccini verliefd was geworden op dit jonge meisje. En hoewel Elvira heel veel bewijzen had van de ontrouw van Puccini, zat ze er deze keer volkomen naast. Puccini en Doria ontkenden dat ze verliefd op elkaar waren. Maar Elvira geloofde hen niet. Ze volgde Doria overal waar ze ging en schold haar publiekelijk uit voor slet en hoer. Ze stond zelfs te schelden bij het ouderlijk huis van Doria. Doria's broers vonden het afschuwelijk en dreigden Puccini met juridische stappen als Elvira niet zou inbinden. Doria was zelf totaal ontdaan door de hele situatie. Ze kon er niet meer tegen. Op een dag kocht ze een fles bleekwater en dronk hem leeg. Na dagenlang vreselijke pijnen te hebben geleden stierf Doria. Puccini was helemaal van de kaart. Maar Elvira was zo waanzinnig en woest dat ze roddels verspreidde dat Doria was gestorven na een mislukte abortus. De familie van Doria liet autopsie plegen. Daaruit bleek dat ze inderdaad was gestorven aan het drinken van bleekwater. Maar er werd ook nog iets anders duidelijk: ze was nog maagd. Elvira had het meisje de dood in gejaagd met haar vreselijke beschuldigingen. De familie Manfredi klaagde de Puccini's aan. Elvira werd schuldig bevonden en kreeg een maandenlange gevangenisstraf en een hoge boete opgelegd. Puccini, die geen schandaal wilde hebben die zijn carrière kon beschadigen, zette alles op alles om tot een schikking te komen met de familie. Het kostte hem een smak geld en Elvira hoefde uiteindelijk niet de gevangenis in. Maar het huwelijk tussen Puccini en Elvira was stuk. Toch bleven ze getrouwd. De kaarten waren immers al geschud.

Zijn laatste werk

De Eerste Wereldoorlog was uitgebroken en veel mannen vochten aan het front. Arturo Toscanini was een wereldberoemde dirigent die alle premières van de opera's van Puccini had gedirigeerd. Hij was goed bevriend met Puccini, maar door de oorlog ging het muzikale leven niet zo makkelijk als in vredestijd. De vriendschap tussen Toscanini en Puccini bekoelde toen Toscanini erachter kwam dat Puccini niets deed om te dienen in het leger. Toscanini zat wel in het leger tijdens de oorlog. Hij leidde daar de militaire kapel. Tijdens het spelen dicht op de vuurlinie werden alle instrumenten beschadigd door vallende granaatscherven. Dat was natuurlijk een stoer verhaal dat toonde wie er hart voor het vaderland hadden. De slappe politieke houding van Puccini zorgde ervoor dat Toscanini jarenlang niet meer sprak met zijn oude vriend. Maar Puccini had weinig op met politiek en bezat er geen gevoel voor. Als hij zijn leven maar kon leiden, met jagen en mooie vrouwen en zijn eigen muziek, was het goed voor hem. Na jaren besefte Toscanini dat hij zijn vriend op politiek vlak niet kon beïnvloeden en kwam het langzaamaan weer goed met de relatie.

Puccini was blij dat ze weer contact hadden; hij vroeg Toscanini of hij zijn volgende opera zou willen dirigeren.

Het was een totaal nieuw werk, gebaseerd op een Chinees sprookje, over een ijsprinses met de naam *Turandot*. Zij wil niet trouwen, maar ze is bloedmooi. Prinsen uit heel de wereld staan in de rij om haar aan hun zijde te krijgen. Maar ze moeten eerst drie raadsels oplossen. Als het hun niet lukt de oplossing te vinden, worden ze onthoofd.

Daar verschijnt een nieuwe prins (hij heet Calaf, maar dat weet niemand), die in het gedrang zijn vader ontmoet samen met slavin Liu. Ze komen elkaar na jaren in ballingschap weer tegen en zijn heel blij elkaar te zien. Op dit mooie moment verschijnt Turandot en de prins raakt meteen betoverd door haar schoonheid. Hij wil meteen de raadsels oplossen en loopt naar de gong om zijn komst aan te kondigen. Zijn vader en Liu waarschuwen de prins het niet te doen. Ze zijn bang dat ze hem kwijtraken, net nadat ze elkaar hebben hervonden.

Maar de prins is zo onder de indruk dat hij doorzet. Meteen komt Turandot tevoorschijn en geeft de drie raadsels op. De prins komt twee keer met het goede antwoord. Bij de derde en laatste vraag is de spanning enorm, maar opnieuw weet hij goed te antwoorden.

Turandot is ontzet. Nu zal ze moeten trouwen met een vent die ze niet kent. Dat was niet de bedoeling. Ze smeekt haar oude vader of ze niet onder haar belofte uit kan komen. Maar de keizer is onverbiddelijk. Ze zal haar belofte na moeten komen. De prins krijgt medelijden met Turandot en biedt haar een uitweg aan. Niemand kent zijn echte naam. Als zij de volgende morgen kan zeggen hoe hij heet, zal hij alsnog zijn leven geven. Dit noem ik altijd 'het Repelsteeltje-element van dit verhaal'. Turandot pakt het aanbod aan en gebiedt iedereen te ondervragen wat ze weten van de prins. Ze zullen de hele nacht niet kunnen slapen. En daar komt dan de beroemdste aria om de hoek die Puccini in zijn loopbaan heeft gecomponeerd: 'Nessun dorma.' De prins vertelt in deze aria dat niemand slaapt, maar dat ook niemand achter zijn naam zal komen; hij zal het hart van Turandot krijgen en overwinnen: 'Vinceró.' Iedereen die Pavarotti heeft gehoord, weet hoe prachtig deze muziek is.

De volgende ochtend komt de zoektocht tot een hoogtepunt. Liu wordt gevonden door Turandot, die haar bedreigt. Liu zal worden gemarteld als ze niet zegt hoe haar meester heet. Liu, die altijd heimelijk verliefd is geweest op de prins, houdt voet bij stuk. Ze verraadt hem niet, en om van verder lijden gevrijwaard te worden, grijpt ze een mes en steekt zichzelf dood.

De prins schrikt van de hardvochtigheid van het hele gebeuren en neemt Turandot apart. In deze laatste scène geeft de prins Turandot een hartstochtelijke kus. Turandot breekt eindelijk; haar ijzige hart ontdooit. De prins ziet de verandering en fluistert zijn naam in haar oor. Nu weet ze alles en kan ze doen met hem wat ze wil. In de slotscène komt iedereen bij elkaar. Turandot weet de naam van de prins. Zal ze hem toch laten onthoofden? Nee, ze houdt van hem, want ze weet dat zijn naam Liefde is.

Terwijl Puccini bezig is met de compositie van *Turandot* heeft hij steeds pijn in zijn keel. Omdat het vast maar een eenvoudige keelontsteking is, laat hij er niet goed naar kijken door een arts. Maar de pijn wordt ondraaglijk en dan blijkt hij keelkanker te hebben. Hij is op dat moment in Brussel. Meteen ondergaat hij allerlei behandelingen, maar ze hebben geen effect en de componist sterft in 1924 voordat hij de opera heeft kunnen afmaken. De dood van Liu is het laatste stuk dat hij heeft gecomponeerd.

Twee jaar later voltooit de componist Alfano *Turandot*. Hij maakt gebruik van Puccini's aantekeningen en de opera gaat in première. Toscanini zal hem dirigeren.

Op de eerste uitvoering slaat Toscanini af nadat Liu haar laatste aria heeft gezongen. Toscanini draait zich op dat moment om naar het publiek en zegt: 'Hier stopt de opera, want op dit moment is de grote maestro overleden.'

Pas op de tweede voorstelling wordt het voltooide werk met de composities van Alfano erbij uitgevoerd.

Me too avant la lettre

Turandot is het laatste werk in een rij met allemaal grote successen die Puccini tot een van de populairste operacomponisten ter wereld maakt. Ik hou van alle opera's van Puccini, maar eentje springt er voor mij met vlag en wimpel bovenuit: *Tosca*.

Waarom vind ik *Tosca* toch zo heerlijk en raak ik er niet over uitgepraat en uitgezongen? Waarschijnlijk omdat ik zoveel van mezelf herken in de figuur Tosca. Ook zij is in het verhaal een operazangeres en onze karakters lijken sterk overeen te komen. Tosca kan schitterend zingen, ze is mooi, devoot, goudeerlijk, wil anderen helpen, kan heel jaloers zijn, is driftig en in staat tot moord. Sinds ik in de overgang zit, heb ik soms ook de neiging om mensen te willen doodknijpen. (Ik doe het niet, hoor!)

Daarnaast is het verhaal zo lekker compact. In deze opera komen alle belangrijke elementen voor die hem voor mij zo bijzonder maken. Er zit grootse, meeslepende liefde in, jaloezie en rivaliteit, en er zijn tragische sterfgevallen. We beginnen met drie hoofdpersonages die na twee uur alle drie op hun eigen bijzondere en tragische manier aan hun einde gekomen zijn. Als laatste maar belangrijkste element is natuurlijk de muziek van het begin tot het eind fantastisch. Alle hoofdrollen hebben schitterende aria's, en voor de rest is dit echt een opera waarbij je, als het goed wordt geacteerd, op een gegeven ogenblik vergeet dat er gezongen wordt. Zo word je door het verhaal opgezogen. Het lijkt wel of je naar een film zit te kijken, vooral in de versie van de tweede akte met in de hoofdrollen Maria Callas als Tosca en Tito Gobbi als Scarpia. Het verhaal van *Tosca* is een geschiedenis die je ook 'me too avant la lettre' zou kunnen noemen.

Scarpia is hoofd van de politie in het jaar 1800 te Rome.

Tosca is operazangeres. Ze heeft verkering met de kunstschilder Mario Cavaradossi. Mario is aan het werk in een kerk. Daar schildert hij een portret van de heilige Maria Magdalena. Terwijl hij bezig is, komt zijn vriend Angelotti binnen. Hij is op de vlucht voor Scarpia, omdat hij een aanhanger van Napoleon Bonaparte is. Angelotti weet dat Mario heimelijk ook een Napoleon-aanhanger is en vraagt om hulp. Mario zegt dat hij zich moet verstoppen in een put in de tuin bij zijn huis, maar hij moet wel opschieten, want Tosca komt eraan en die mag niks weten, want zij kan geen geheimen bewaren.

Terwijl Angelotti wegrent, horen we in de verte Tosca al 'Mariooo, Mariooo, Marioooo' roepen. Ze komt binnen en gedraagt zich meteen heel jaloers. Wie was die vrouw met wie Mario aan het kletsen was? Mario ontkent dat hij bezoek van een vrouw had en ze hebben een heel gezellig onderonsje. Ze spreken af dat ze 's avonds, na het concert dat Tosca moet zingen, zullen afspreken. Dan kunnen ze samen zijn. Mario werkt Tosca weg, want hij wil naar Angelotti om te kijken hoe hij hem de stad uit kan krijgen.

Dan komt Scarpia in de kerk. Hij onderzoekt het hele gebouw op sporen van Angelotti en verdenkt Mario van medeplichtigheid. Scarpia wil Mario arresteren. Zo slaat hij twee vliegen in een klap. Hij heeft namelijk al tijden een oogje op Tosca. Als hij Mario in de gevangenis heeft, weet hij dat Tosca hem zal komen redden, en dan kan hij haar een oneerbaar voorstel doen. Scarpia wil met haar naar bed op een heel griezelige manier: hij vindt het het fijnst als ze zich verzet. Scarpia is echt een enorme klootzak. Hij ondervraagt Mario op het politiebureau. Maar Mario laat niks los over de verstopplaats van Angelotti. Scarpia moet met heftigere maatregelen de antwoorden los zien te krijgen. Mario zal worden gemarteld met ijzeren pinnen op zijn slapen die steeds verder worden aangedraaid.

Op dat moment komt Tosca binnen. Ze wil Mario nu mee naar huis nemen! Scarpia lacht haar uit en zegt dat ze inderdaad kan helpen. Misschien weet zij wel waar Angelotti is!

Tosca weet van niks en gaat quasinonchalant op een chaise longue zitten. Dan hoort ze het ijselijke geschreeuw van Mario, die vreselijke pijnen lijdt. Ze verklapt Scarpia waar Angelotti is. Scarpia heeft Mario in de tang en veroordeelt hem tot het vuurpeloton. Nu krijgt Tosca het te kwaad en werpt zich aan de voeten van Scarpia. Ze vraagt wat ze moet doen om Mario mee naar huis te nemen.

O, zegt Scarpia. Hij vraagt niet veel. Ze hoeft alleen haar jurk uit te doen, op de chaise longue te gaan liggen en dan kan hij zijn gang gaan. O ja, en ze moet een beetje tegenstribbelen. Dat vindt hij het leukste.

Wat doe je als operazangeres op het punt dat je verkracht gaat worden door de hoofdcommissaris van politie? Juist, dan zing je eerst een bloedmooie aria: 'Vissi d'arte'.

Nadat Tosca heeft gezongen en gebeden heeft tot God geeft ze toe aan Scarpia. Ze zal alles doen wat hij wil, maar dan wil ze wel een brief van Scarpia hebben waarin verklaard wordt dat ze Mario vrij mee kan nemen. Scarpia gaat akkoord, maar hij heeft een nieuwe voorwaarde: Mario moet nog wel voor het vuurpeloton staan. Scarpia wil niet dat zijn strenge reputatie te grabbel wordt gegooid. Hij zal tegen de luitenant van het peloton zeggen dat ze losse flodders in de geweren doen. Dan doen ze net alsof Mario is doodgeschoten.

Tosca gaat akkoord en maakt zich klaar voor de verkrachting. Terwijl ze naar de chaise longue loopt, komt ze langs de tafel waaraan Scarpia net zijn diner heeft genuttigd. Ze ziet een scherp mes liggen… Wanneer Scarpia op haar afkomt en triomfantelijk

‘Tosca, eindelijk ben je van mij!’ zingt, steekt Tosca hem in zijn borst. Scarpia valt neer en Tosca blijft steken en steken. Scarpia is dood. Tosca heeft hem overwonnen. Ze grijpt de brief uit zijn handen en vlucht weg.

In de Engelenburcht wacht Mario op zijn dood. Vol liefde denkt hij aan Tosca. Tijdens zijn smartelijke aria ‘E lucevan le stelle’ voelen we helemaal mee met het verdriet van Mario.

Tosca komt uitgelaten aan bij de gevangenis. Ze heeft alles geregeld om weg te kunnen met haar Mario. Alleen nog even de fusillade door zien te komen. Kan Mario net doen of hij dood neervalt? Tosca zegt dat hij maar moet denken aan hoe zij dat altijd doet op het operatoneel.

Daar is het vuurpeloton. Mario gaat klaarstaan. Hij wil geen blinddoek. Tosca weet dat het allemaal komedie is, maar toch voelt ze zich gespannen. Als alles maar goed gaat. Dan valt het schot en Mario valt neer. Hij doet het schitterend. Wat is het toch een artiest.

Als de kust veilig is, rent Tosca naar Mario toe. ‘Kom, sta op, lieverd!’ zegt ze. ‘We kunnen weg. Waarom word je nou niet wakker... O neeeeeeee! Je bent tóch dood! Scarpia heeft ons belazerd! Wat nu?’

Terwijl Tosca in diepste wanhoop over het dode lichaam van Mario hangt, komen de politieagenten aangerend. Ze hebben Scarpia gevonden. Tosca moet hem hebben vermoord. Ze willen haar arresteren. Tosca vlucht naar het hoogste punt van de Engelenburcht. Alles is ze kwijt. Nog eenmaal vervloekt ze Scarpia en dan springt ze naar beneden, haar dood tegemoet. Einde van de opera!

Als je nou ergens een poster ziet met een aankondiging voor deze opera, ga er dan heen. Het is een belevenis die je niet zult vergeten.

De trampoline

De beroemdste anekdote over *Tosca* gaat over een diva die in de jaren zestig in Amerika de rol van Tosca zong. Zij was een diva zoals we meestal denken hoe een diva is: arrogant, veeleisend en ontzettend onaardig. Ze was vooral naar tegen iedereen die in het theater werkte. Theaterpersoneel was beneden haar stand. Na stormachtige repetities besloten de technici haar een hak te zetten. Voor de zangeres die Tosca zingt, is het meest dramatische moment de sprong vanaf de kantelen van de Engelenburcht. Als dat goed gebeurt, geeft de scène het publiek enorm veel kippenvel en is de voorstelling helemaal af.

Dit keer sprong de zangeres vreselijk dramatisch naar beneden. Normaal ligt daar dan een dik matras om haar val te breken, zodat ze daarna de ovatie in ontvangst kan nemen. Nu hadden de technici een grote trampoline neergezet en er wordt gezegd dat de diva in kwestie wel vijftien meter omhoog en omlaag werd gejojood op die trampoline, tot grote hilariteit van het publiek. De mensen kregen zelfs zo de slappe lach dat zij de rest van het seizoen haar gezicht niet meer kon vertonen op het toneel zonder dat iedereen weer in lachen uitbarstte. Toeschouwers die erbij waren geweest praatten nog lang na over de prachtige trampoline salto's die ze op die ene noodlottige avond had gemaakt. Door dit verhaal heb ik geleerd altijd vriendelijk te zijn voor iedereen die in het theater werkt.

Is this Tosca?

Er is een sketch met de beroemde goochelaar Tommy Cooper die in zijn eentje twee figuren speelt: een vrouw en haar geliefde zeeman die terug is gekomen van zee. Hij heeft een kostuum aan dat precies in tweeën is gedeeld. Aan de ene kant zien we de vrouw en aan de andere kant de zeeman. Als Tommy Cooper zich omdraait, verandert hij van personage. Soms maakt hij een fout en dan zien we de zeeman, maar spreekt hij met de vrouwenstem. Ik heb het altijd een heerlijke, hilarische sketch gevonden. Het bracht me in 2010 ook op het idee om eventueel *Tosca* zo uit te voeren. Ik wilde alle drie de personages in mijn eentje spelen.

Bij Opera Spanga heb ik dit idee met Corina uitgewerkt. En zo ontstond een ingekorte versie van *Tosca* die geschikt was voor jong en oud. Het was een enorme tour de force om steeds te schakelen tussen de drie personages. Maar doordat we de drie figuren eigen karikaturale gebaren hadden gegeven, bleef het voor het publiek en mijzelf goed te volgen.

Aan de vleugel zat onze Italiaanse pianiste Caterina die, met mooi kostuum en opgeplakte brede snor, de rol van Puccini had. Ze speelde dat Puccini het stuk *Tosca* aan het componeren was. Het ontstond als het ware tijdens het pianospelen. Elke keer vroegen de personages (ik dus in alle drie de rollen) tussendoor waarom Puccini Tosca zo jaloers maakte, of Scarpia zo gemeen. Deze vorm kon snel begrijpelijk maken welke motieven de drie karakters hadden voor hun handelingen in het stuk. Als ik Tosca speelde, kwam ik binnen met brede, stereotiepe armgebaren zoals diva's meestal plachten te doen. Als Mario had ik een beetje een onhandige schilder in mijn hoofd, die steeds al zijn kwastjes uit zijn handen liet vallen. Hij was wel stoer, maar ook beetje sullig. Scarpia was griezelig. Dat liet ik zien door heel langzaam, bijna slangachtig te bewegen op het toneel. Ondertussen zong ik dus alle vocale partijen – als Tosca in mijn eigen register, maar als de twee mannen een octaaf lager. Dat schakelen tussen de stemmen was een enorme uitdaging.

Mijn broer Dick was zo enthousiast over deze voorstelling dat hij ons uitnodigde haar te spelen in museum Beelden aan Zee. Mijn broer is daar conservator en op dat moment had hij een tentoonstelling in de grote zaal. Er stond een enorme stellage die wij konden gebruiken als decor. Ik heb de voorstelling daar vier keer mogen spelen voor een uitverkochte ruimte. Jong en oud waren aanwezig en er werd gelachen en een traan weggepinkt.

Op één avond kreeg iemand halverwege de voorstelling een attack. De show moest stopgezet worden en dat had ik nooit eerder meegemaakt. De man werd met een ambulance weggebracht naar het ziekenhuis en er was veel commotie. Ik was bang dat door de muziek en mijn harde decibellen die man misschien onwel was geworden. Gelukkig stelde iedereen me gerust dat hij geen aanval had gekregen door mijn luide zang. We kregen een signaal dat hij weer was bijgekomen en dat het zou goed komen. Toen heb ik alsnog de voorstelling uitgespeeld voor het overige publiek.

Door deze voorstelling samen met Corina te maken, leerde ik de opera *Tosca* enorm goed kennen. Doordat ik alle drie de rollen zong, had ik alle beweegredenen van de drie personages onderzocht en begreep ik precies waarom hun muziek zo geschreven was. Tosca, Mario en Scarpia zaten voorgoed in mijn hart.

Vandaar dat ik in mijn nieuwste voorstelling *Schandalig mooie opera* wederom de slotscène heb opgenomen waarin ik uiteindelijk de beroemde sprong maak en op een minitrampoline steeds heen en weer jump. Ik zal *Tosca* altijd willen zingen, erover vertellen, de opera zelf beluisteren, zelf zien… en hopelijk ooit misschien een keer zelf regisseren. Wie weet?

Vissi d'arte

Deze aria zingt Tosca vlak voor het moment dat Scarpia haar wil nemen. Puccini heeft deze aria pas veel later gecomponeerd op verzoek van de eerste sopraan die Tosca mocht vertolken. Zij vond haar eerste aria in de eerste akte te weinig om mee te shinen. Puccini was het met haar eens en schreef deze aria als dramatisch gebed vlak na het oneerbare voorstel van Scarpia. Als je goed luistert, hoor je in de muziek dat de aria er in het tumult van de scène tussen is geplakt.

Vissi d'arte, vissi d'amore
Non feci mai male ad anima viva!
Con man furtiva, quante miserie conobbi aiutai
Sempre con fé sincera, la mia preghiera
Ai santi tabernacoli salî
Sempre con fé sincera, diedi fiori agli altar
Nell'ora del dolore, perché, perché Signore
perché me ne rimuneri cosí?
Diedi gioelli della Madonna al manto
E diedi il canto agli astri, al ciel, che ne ridean piu belli
Nell'ora del dolore
perché, perché Signore, Ah!
perché me ne rimuneri cosí?

Ik heb geleefd voor de kunst,
ik heb geleefd voor de liefde
In het geheim heb ik altijd de armen geholpen
Met mijn altijd oprechte geloof bad ik,
ging ik naar het tabernakel
en legde ik bloemen bij het altaar.
Nu in dit uur van mijn verdriet
Waarom, Heer? Betaalt u mij zo terug?
Ik heb juwelen gegeven aan de Heilige Maagd
En ik gaf mijn zang aan de sterren in de hemel
Nu in dit uur van mijn verdriet
Waarom, Heer? Betaalt u mij zo terug?

Akte 4

Mijn moeder zei me altijd:
'Je bent niet afhankelijk van anderen. Je kunt altijd zelf je eigen voorstellingen gaan maken.'

Francis als hertogin

Meesterlijk klassiek

Op een dag ging de telefoon. 'Met Ernst Daniël Smid.'

Ik was een en al oor. Dat een van de bekendste zangers van Nederland mij zomaar uit het niets opbelde was voor mij heel bijzonder. Ernst was van huis uit operazanger geweest en had veel gezongen in Duitse operahuizen. In de jaren negentig was hij in Nederland heel bekend geworden door zijn rol als Javert in *Les Misérables*, de musical die hij samen speelde met de ook zeer bekende zanger Henk Poort.

De grote Broadway-musicals kwamen in Nederland pas echt in beeld door Joop van den Ende. Hij haalde *Cats* naar Nederland; *The Phantom of the Opera* was het eerste stuk dat in het verbouwde Circustheater zou gaan spelen. Vanaf dat moment is de musicalwereld gegroeid en nu is het het populairste muziektheater dat in Nederland te vinden is. In de jaren negentig leerden we zangers kennen die echte musicalsterren werden: Henk Poort, Joke de Kruijff, Pia Douwes, Simone Kleinsma, Stanley Burleson en dus ook Ernst Daniël Smid.

Ernst was naast een mooie bariton ook een heel flamboyante persoonlijkheid die goed kon vertellen. De televisie merkte hem op en hij kreeg een eigen tv-programma waarin zangtalenten zouden worden gestimuleerd. Hij maakte een geweldig leuk opera/operette/musical-programma, *Una voce particolare*. Dat was een echte talentenjacht voor amateurzangers. Met een orkest en een heuse jury in wisselende samenstelling. Gregor is een tijd jurylid geweest, net als de zangeressen Wilma Driessen en Marjolein Touw.

In de afleveringen zongen de amateurs allerlei mooie opera-aria's, operetteliederen of musicalsongs. Ernst vertelde dan altijd kort over de inhoud van het stuk en zo leerde het Nederlandse publiek op een laagdrempelige manier van alles over opera.

Het programma heeft dertien seizoenen gelopen. In 2010 stopte de NCRV ermee. Dit was het jaar waarin Ernst me opbelde en vertelde dat hij een theatertournee wilde doen met de twee winnaars van het laatste seizoen. De twee zangers hadden als prijs gewonnen dat ze met Ernst mochten optreden en het leek hem een goed idee om er nog een vierde zangeres bij te hebben. Ernst en ik en de jonge sopraan Maghen Hilgersum zouden opera kunnen zingen met uitstapjes naar lichte muziek. De jonge tenor en musicalzanger Rutger de Vries zou grote musicalnummers voor zijn rekening nemen. Omdat zij onervaren waren en nog nooit zoveel optredens hadden gedaan wilde Ernst mij erbij hebben, zodat hij en ik als twee boekensteunen konden fungeren voor dit jonge talent.

Voor mij was het een buitenkans. Ik had nog nooit een theatertour gedaan zoals deze en leerde een eigen muziekshow te maken met klein strijkorkest, combo, licht en versterking. Ernst had het programma zo in elkaar gezet dat de muziek voor iedereen toegankelijk was. Zo nam hij het begrip 'klassiek' heel ruim en zette ook pop- en musicalklassiekers op de setlist. Een heel leuk item was een medley van klassieke muziek die de basis had gevormd voor grote pophits. Zo zongen we 'If I had words' van Yvonne Keely. Dat was een bewerking van het grote orgelconcert van Saint-Saëns. Of het combo speelde het *Air* van Bach, dat overging in 'Whiter shade of pale' van Procal Harem. Een nummer waar iedereen ook altijd tranen bij wegpinkte was 'Stay with me 'till the morning'. Dat was gebaseerd op het tweede deel van het klarinetconcert van Mozart.

We hebben heel Nederland doorgereisd en zo'n dertig concerten gegeven. De twee jonge talenten leerden hoe het is om veel concerten te geven en hoe je je stem goed moest houden. Het was een enorm goede ervaring voor hen. Wat Ernst zich misschien niet geheel realiseerde, was dat hij mij ook een enorme dienst bewees door me mee te nemen.

In deze concerten had ik een aantal solostukken te zingen. Ernst vroeg me ze zelf in te leiden, dan kon hij even af om een glaasje water te drinken en hoefde hij niet de hele avond de kar te trekken. Doordat ik al veel liedrecitals had gegeven met Femke wist ik dat ik leuk kon vertellen. Maar vaak waren dat huiskamerconcerten geweest met niet meer dan vijftig man publiek. Nu stond ik in grote zalen van theaters voor soms achthonderd man. Om een grote zaal te boeien en bij de les te houden is wel echt andere koek. Maar Ernst liet me begaan en ik vertelde mijn verhalen bij de aria's 'O mio babbino caro' en het Vilja-lied. Ik merkte dat mijn manier van praten een enorm leuke gimmick was. Mensen moesten lachen om mijn platte accent en waren oprecht verbaasd dat ik daarna zo mooi kon zingen. Die combinatie was nieuw.

Omdat het publiek goed reageerde ging ik bij elke voorstelling langer praten; het werden hele conferences. Maar Ernst was heel genereus en liet mij gewoon mijn gang gaan. Soms hoorde ik hem hardop lachen in de coulissen. Hij gaf me het vertrouwen dat ik ook een comédienne mocht zijn. Tijdens deze tournee leerde ik dat je een leuk theatraal concert kan maken met geweldig licht, goede, geestige verhalen en mooi uitgevoerde muziek. Ik raakte ervan overtuigd dat ik zelf ook dit soort voorstellingen kon gaan maken. *Meesterlijk klassiek* en Ernst hebben mij de basis gegeven om shows te maken als *Dolle diva*, *Bij twijfel hard zingen* en *Schandalig mooie opera*. Ik zal Ernst daar altijd dankbaar voor blijven.

Ernst Daniël Smid

Feyenoord de opera

Ik vergelijk voetbal vaak met opera. Ik vind namelijk dat die twee dingen heel veel op elkaar lijken. In de sport is veel drama en de spitsen zijn de diva's op het veld. Als ze scoren is de euforie groot. Net zoals wanneer een tenor een geweldige hoge c zingt. Er is ook veel reuring buiten het veld te beleven en de supporters lijken op het oude operapubliek van vroeger tijden.

In 2015 werd ik gevraagd om mee te doen in Rotterdam aan een theaterproject van Theater Walhalla en het Rotterdam Wijktheater. Het leek hun gaaf om met mensen uit de wijk en professionele acteurs, musici en zangers een stuk te maken over de liefde voor de voetbalclub Feyenoord. Of ik daar ook ideeën over had en misschien zin had om mee te zingen? Ik vond het een geweldig idee, en in de maanden voor de eerste uitvoering werd het stuk *Feyenoord de opera* in elkaar gezet. We zouden mogen optreden in De Kuip. Echt locatietheater.

Ik keek altijd al graag voetbal samen met mijn vader, die een echte voetbalfanaat is en helemaal fan is van Feyenoord. Hij had gouden tijden beleefd met Coen Moulijn en vertelde altijd hoe geweldig het was om samen met zijn zwager Frans mee te gaan naar De Kuip. Mijn vaders ogen begonnen te glinsteren als hij daarover vertelde. Zelf was ik ook voor Feyenoord, maar toen nog helemaal niet zo fanatiek. Dat kwam na het spelen in dit stuk pas. Ik zal vertellen waarom.

Het script werd opgestuurd. Daarin stonden de verhaallijnen en mijn rol in het hele geheel. *Feyenoord de opera* zou echt belevingstheater worden. Het publiek werd in groepen naar plekken in het stadion geleid, waar delen van het verhaal gespeeld en gezongen werden.

Het verhaal ging over een opa die al jaren fan was van Feyenoord, maar een beetje bitter was geworden over hoe het er nu allemaal aan toe ging. Het verdriet van het vele verliezen van Feyenoord kwam hier echt naar voren. Simultaan werd dan in een andere ruimte het verhaal van zijn kleinzoon verteld die mocht komen voetballen in het jongste elftal van Feyenoord. Hij vertegenwoordigde het nieuwe jonge talent en de toekomst van deze prachtige club. In deze scène zat de hoop op vernieuwing die ook bij voetbal hoort. Tussen deze scènes door kregen de mensen een kop koffie bij koffiejuffrouw Gerda. Gerda wist alle ins en outs van de club, doordat zij vanaf het begin daar koffie had geschonken. Zij was een echte diehard supporter die vooral helemaal gek was van de speler Graziano Pellè.

Ik zorgde samen met mijn lieve collega Sinan Vural en de zusjes Van Wanrooy op de accordeons voor het muzikale gedeelte. We werden daarbij gesteund door een groot Rotterdams operakoor. In dit koor zaten echte Feyenoord-supporters die weleens opera wilden proberen. Onze stukken muziek waren bestaande operamelodieën, voorzien van andere teksten, die waren gebaseerd op de echte voetbalbelevenissen van supporters uit de wijk die meededen met dit project. Samen met Sinan zong ik het duet 'La ci darem la mano' uit *Don Giovanni* van Mozart. Maar de tekst daarop werd: 'Schat, ga je mee naar Feyenoord? Schat, kom nou en zeg ja!' Dit ging over een vrouwelijke fan die heel graag haar man mee wilde naar De Kuip. Die man hield alleen helemaal niet van voetbal. Daarnaast zong ik met het grote koor de aria 'Casta diva' uit *Norma* van Bellini. De tekst daarop werd: 'Wij gaan winnen!'

De hele opera zou beginnen met een optocht vanuit Varkenoord met iedereen die meedeed en al het publiek naar de ingang van De Kuip waar het beeld van Coen Moulijn staat. Ik zou met Sinan op een vrachtwagen staan die voorop reed en wij zongen alle Feyenoord-liederen die de supporters dan altijd zingen: 'Hand in hand kameraden', 'Niets is sterker dan dat ene woord' en alle andere bekende voetballiederen. Natuurlijk zongen Sinan en ik dit op de echte operamanier.

Coen Moulijn

Bij de repetities begreep ik waarom ze Feyenoord ook Lourdes aan de Maas noemen. De optocht met het zingen en de vaandels naar het beeld van Moulijn leek heel erg op de lichtprocessie in Lourdes. Daar zing ik altijd het 'Ave Maria' bij een groot Mariabeeld. En hier zong ik een ode aan Moulijn bij zijn eigen standbeeld. Terwijl ik daar zong, zag ik de Feyenoord-liefhebbers staan. De saamhorigheid van de supporters en hun liefde voor Moulijn had iets heel ontroerends.

Nou waren de supporters die meededen natuurlijk heel enthousiast over een stuk over hun lievelingsclub. Maar waarom moest het eigenlijk een opera zijn? Dat was toch elitair? Ze waren vooral argwanend naar mij als operazangeres, want die diva's zijn vaak zo arrogant en kunnen niks hebben. Bij elk koutje liggen ze al kwijnend in een hoekje. Hoe zou dat samengaan met al die hardwerkende havenarbeiders uit Rotterdam-Zuid?

Maar ze kenden mij nog niet! Ik kwam binnen op de eerste repetitie en begon natuurlijk niet meteen te zingen, maar wel te praten. Meteen zag ik ze ontdooien. Ik ben een geboren Haagse, maar ik heb op de een of andere manier een heel Rotterdamse tongval gekregen. En als ik om me heen echte Rotterdammers hoor, wordt dat zelfs nog sterker. Dan zet ik ook achter elk woord een t. En ik ontmoette Gerda en Frans, twee schatten van mensen die al hun hele leven in het teken hadden staan van Feyenoord. Gerda en ik werden dikke vriendinnen en bij elke repetitie hadden we de grootste lol. Frans was steeds in de andere ruimte aan het oefenen met het operakoor. Wij zwaaiden vanuit de verte naar hem en kletsten elkaar bij tijdens lunches en diners. Ondertussen was het niet lullen maar poetsen en zagen ze dat theater maken en opera zingen ook heel hard werken is. Veel uren maken en bloed, zweet met tranen plengen. De opera paste juist heel goed bij die Rotterdammers op Zuid!

Toen de voorstellingen begonnen, had ik mijn vader natuurlijk een vrijkaart gegeven. Ik was zo benieuwd hoe hij het zou vinden om na jaren weer in De Kuip te zijn, al die mooie verhalen en de muziek te horen. Ik had mijn vader een voetbalsjaal gegeven met de Feyenoord-kleuren en de titel van ons stuk erop. En daar begon de voorstelling. Ik denk altijd dat ik mijn vader door en door ken. En we hebben dezelfde belangstelling voor dingen. Het zingen, voetbal kijken, lachen om leuke cabaretiers en films. Maar op die avond in 'zijn' Kuip zag ik ineens mijn vader met heel andere ogen. Hij werd weer even die kleine jongen die altijd met zijn zwager meeging. Hij vertelde honderduit in de pauze over hoe hij daar in drommen mensen had meegelopen het stadion in. Hij hoefde alleen niet te lopen, want het was zo druk dat hij hangend zijn benen kon intrekken en dan hing hij tussen de schouders van zijn medesupporters in, zo druk was het. Over een kroket eten in de rust. Over alle prachtige wedstrijden van toen. Over het winnen van de Europa Cup 1. Over Lee Towers en over het schitterende lied 'You'll never walk alone'. Mijn vaders ogen glinsterden. Hij was weer helemaal terug in zijn jeugd en zag er intens gelukkig uit.

Alleen al die ene avond samen met mijn vader in De Kuip maakte het voor mij de moeite waard om dit stuk te zingen. Vanaf dat moment was ik ook bevangen door het Feyenoord-virus. En dat gaat nooit meer over. Niets is sterker dan dat ene woord: Feyenoord!

Het lied van Giacomo

In 2012 werd ik gevraagd een kindervoorstelling te maken voor het Internationaal Vocalisten Concours te Den Bosch. Er moest van alles in zitten over zingen en opera. En het moest vooral leuk zijn voor kinderen vanaf zes jaar.

Ik heb toen voor het eerst zelf een verhaal geschreven. Mijn broer Dick adviseerde me een sprookje te maken, omdat je daarin je fantasie de vrije loop kunt laten. Mijn andere broer Tim speelde de rol van Giacomo en die van oom Lucca. Hij had alle decors getekend. Die werden geprojecteerd op een groot scherm dat we hadden aangekleed met rode gordijnen. Zo leek het op een minitheater. Femke speelde natuurlijk piano en nam de rol van koningin Clara voor haar rekening. Alle andere rollen vertolkte ik. Zo was ik Prima Donna, Mevrouw Factotum, Norma, Tosca en Brünnhilde.

We hebben deze voorstelling een paar keer mogen spelen voor enthousiast publiek in Den Bosch. Maar de leukste uitvoering was op de lagere school waar toen mijn neefjes Max, Ad en Kees zaten. Zij waren toen elf, negen en vier jaar oud. We speelden in de gymzaal. De juffen en meesters hadden gezegd tegen de kinderen dat ze zich mooi moesten aankleden, want ze gingen naar een echte opera. Ze hadden voor de gelegenheid een rode loper neergelegd door de school. Feestelijker kon eigenlijk niet.

Ik was niet zeker of ik het hele stuk in dit boek zou opnemen. Maar na het lezen ervan heb ik het toch integraal opgeschreven. Veel plezier met lezen!

Er was eens een jongen die opgegroeid was in een heel stil huis. De jongen heette Giacomo. Hij woonde daar bij een oom die al erg oud was. Eigenlijk wist de jongen niet veel van deze oom Lucca (zo heette deze oom). Ze spraken namelijk heel weinig.

Het huis was leeg. Er stond niet veel meubilair, want de oom en de jongen waren niet rijk. Ze bezaten alleen het hoogst noodzakelijke: een tafel, twee stoelen, een bed voor de oom en een matras voor de jongen. Het enige sieraad wat de jongen had was een gouden ring om zijn vinger die hij had geërfd van zijn moeder Reina. Oom Lucca zorgde goed voor Giacomo. Hij was alleen heel somber. Alles wat maar in de buurt kwam van vrolijkheid, lawaai of zelfs muziek wilde zijn oom niet horen. De ramen in het huis waren ook altijd dicht en de jongen mocht van de oude oom niet naar buiten. Zo kwam het dat Giacomo nog nooit muziek gehoord had. De enige geluiden die hij kende waren het tikken van een monotone, saaie klok en het zuigen van de stofzuiger eens per dag. Als het regende, luisterde hij naar de onregelmatige slag van de druppels op de ramen. Hij verlangde naar buiten en begreep niet dat mensen zich haastten naar binnen, schuilend onder hun paraplu.

Giacomo was al twintig jaar oud toen op een dag zijn oom naar buiten ging om een boodschap te doen. Per ongeluk viel de deur niet in het slot en doordat de oom al erg oud was en vergeetachtig, vergat hij de deur af te sluiten.

Giacomo had het eerst nog niet in de gaten, maar op een gegeven moment hoorde hij iets in de verte...

Wat was dat? Giacomo had weleens in oude boeken gelezen dat er dieren bestonden die vogels heetten en dat deze konden zingen. Maar wat dat zingen precies was? Zou dit het geluid zijn waarover hij had gelezen?

Giacomo ging naar de deur, die op een kier stond, en opende hem. Waarvandaan kwam dat geluid? Gehypnotiseerd liep Giacomo naar buiten in de richting van die klanken. Klanken die hij nog nooit gehoord had en die heel bijzonder waren.

Na een tijdje gelopen te hebben kwam hij bij een heel mooi kasteel waar op het balkon een prachtige, maar al rijpe vrouw stond. Zou zij degene zijn die die geluiden maakte?

Giacomo riep naar het balkon: 'Mevrouw?'

PRIMA DONNA:
Wat? Wat wil jij, jongeman?

GIACOMO:
Ik durf het bijna niet te vragen, maar... was u dat? Maakt u misschien die geluiden die ik hoorde? Ik bedoel, wat is dat, wat u deed? Ja, eh... Kijk, u moet weten... Ik heb altijd in stilte geleefd. De enige geluiden die ik ken zijn het tikken van een klok of het zuigen van een stofzuiger.

PRIMA DONNA:
Dat was ik inderdaad! Mooi, hè? Maar wil je zeggen dat je nog nooit muziek hebt gehoord? Of nog erger, nog nooit iemand hebt horen zingen?

GIACOMO:
Nee…

PRIMA DONNA:
Maar dan heb je echt veel gemist! Zingen is het mooiste wat er is. De stem is het eerste en oudste instrument van de mens. Baby's worden geboren met een kreet. Alle muziek komt voort uit de stem! De stembanden zijn het instrument van de zanger. Deze kunnen trillen en brengen via je adem de mooiste klanken naar buiten. Ik kan het weten, want ik ben al jaren hier de prima donna in het kasteel.

GIACOMO:
Wat is dat, prima donna?

PRIMA DONNA:
Dat betekent letterlijk: eerste vrouw. Maar eigenlijk betekent het dat ze de belangrijkste vrouw is in de opera. Naast haar hoort ook de belangrijkste mannelijke zanger te staan: de primo uomo.

GIACOMO:
Primo homo?

PRIMA DONNA:
Neeeee, niet de primo homo! De primo uomo. De eerste man! Dat is de mooiste mannenstem die men kan vinden, naast die van een vrouw, die van mij dus! En vroeger had ik die hier op kasteel Marmarèl. Koningin Clara, die hier op het kasteel woont

en verschrikkelijk veel van muziek houdt, begeleidde ons altijd samen. Maar op een dag, al twintig jaar geleden, heeft hij mij bedrogen is hij zomaar vertrokken. En sindsdien kan ik nooit meer samen zingen...

GIACOMO:
Zou ik ook kunnen zingen? Misschien kan ik dan de nieuwe primo uomo worden?

PRIMA DONNA:
Jij? Kijk, iedereen heeft een stem. Het is alleen een kwestie om uit te zoeken welke stem jij hebt en welke muziek daarbij hoort! En dat, jongeman, is nog zo eenvoudig niet... Er zijn namelijk vele soorten muziek en vele soorten verschillende stemmen. Dus voordat jij die taak op je zou kunnen nemen, moet je dat eerst eens gaan uitzoeken.

Giacomo voelde meteen dat dit was wat hij zijn hele leven gemist had, want elke keer als hij mee ging tikken met de klok of mee zoemde met de stofzuiger, dan gebeurde er wat in hem, alsof er diep in zijn buik vlindertjes opvlogen. Maar iedere keer als hij mee zoemde of tikte, had zijn oom Lucca hem boos aangekeken.

PRIMA DONNA:
Als je meer wilt weten over muziek en de reis naar jouw eigen stem, adviseer ik je mevrouw Factotum te bezoeken in de stad. Ik ken haar zelf niet zo goed, maar ze schijnt enorm veel te weten over de verschillende soorten muziek en waar je die kunt vinden. Wel moeten we even kijken of jij überhaupt een stem hebt. Daar ben ik eigenlijk wel benieuwd naar.

De vrouw pakte een grote bril en keek Giacomo onderzoekend aan.

PRIMA DONNA:
Doe mij eens na?

Ze beginnen te zingen op een melodie van Mozart.

PRIMA DONNA:
Pa pa pa

GIACOMO:
Pa pa pa

PRIMA DONNA:
Pa pa pa pa

PRIMA DONNA:
Jij lijkt toch wel een stem te hebben.

GIACOMO:
Ik lijk toch wel een stem te hebben.

PRIMA DONNA:
Dat had ik toch niet zo gauw verwacht.

GIACOMO:
Dat had ik toch niet zo gauw gedacht.

PRIMA DONNA:
Voel je jouw stem al heerlijk klinken?

GIACOMO:
'k Voel mijn stem al heerlijk klinken.

PRIMA DONNA:
Dit is nu echt een goed begin.

GIACOMO:
Dit is nu echt een goed begin.

SAMEN:
Wat is zingen reuzeheerlijk, en je stem toch onontbeerlijk, zingen met je hart en ziel. Hart en ziel. Hart en ziel. Zo zingen met je hart en ziel. Zo heerlijk met je hart en ziel.

PRIMA DONNA:
Nu moet je heel veel gaan studeren.

GIACOMO:
Ja, ik moet heel veel gaan studeren.

PRIMA DONNA:
Als je je best doet, gaat het lukken.

GIACOMO:
Als ik mijn best doe, gaat het lukken.

PRIMA DONNA:
Ik wens je veel successen op je reis.
Hier is een klein boekje met muziekoefeningen.
Dan kun je onderweg nog wat oefenen.

Giacomo nam alles mee wat de prima donna aan hem had gegeven en ging onderweg naar de kapster van Sevilla.

Mevrouw Factotum woonde al jaren in Sevilla. Zij was kapster en zodoende kende ze alles en iedereen. Het was haar ter ore gekomen dat er een jongeman gestuurd was door de prima donna om meer over muziek te weten te komen. Maar de kapster had een duister geheim. En iedereen die maar in de buurt van dat geheim kwam, had ze gezworen dwars te zitten…

MEVROUW FACTOTUM:
Ik ben dus onbetwist
Hier de beste haarstylist
In de stad van Sevilla
Doet niemand dat mij na
Maar wat niemand dus weet
Ik ben een echt secreet
't Is heel platvloers
Ik ben heel jaloers
Want op kasteel Marmarèl
Woont daar die zingende del
Het is toch echt een grof schandaal
Zij zit daar op mijn plaats
En zingt daar ondermaats
Zij is al eeuwen mijn rivaal
Toch had ik haar eens tuk
En bracht haar van haar stuk
Zij raakte haar geliefde kwijt
Ik weet daar veel meer van
Het kwam door mijn sluwe plan
Want ik ben echt heel erg slecht
Heel erg wreed
Een echt secreet!

MEVROUW FACTOTUM:
Buon giorno, waarmee kan ik u helpen?

GIACOMO:
Mijn naam is Giacomo. Ik heb net de beroemde prima donna ontmoet. Zij heeft mij kennis laten maken met mijn stem. Maar ik weet nog zoveel niet. Kunt u mij helpen? Ik heb er namelijk alles voor over om de nieuwe primo uomo te worden.

MEVROUW FACTOTUM:
Prima uomo! Wat een bijzondere droom! U weet dat dit heel moeilijk is?

(Ze borstelt haren van Giacomo's schouder af.)

GIACOMO:
Ja, zoiets had de prima donna van het kasteel al gezegd, maar ik ben jong en leer snel. Ze zei me dat u veel weet over zingen en over muziek.

MEVROUW FACTOTUM:
Natuurlijk! Muziek en opera zijn mijn hobby. Ik heb veel gelezen over de verschillende elementen en soorten muziek.

GIACOMO:
Maar dan kunt u me de weg wijzen naar mijn eigen stem.

MEVROUW FACTOTUM:
Dat zal ik doen. Luister goed! Er worden al eeuwen opera's geschreven. Opera bestaat uit een paar onderdelen: melodie, harmonie en de mooiste teksten! Het enige wat jij moet doen is deze dingen zoeken en bij elkaar voegen, en dan misschien vind jij jouw eigen lied. Jaren geleden heb ik al iemand op weg geholpen. Hij was ook een mooie man en had een prima stem. Maar wat er met hem gebeurd is, is niet bekend. Plotseling was hij verdwenen. Tragisch geval was dat.

GIACOMO:
En waar kan ik deze melodie, harmonie en tekst vinden, volgens u?

MEVROUW FACTOTUM:
Het kan niet allemaal tegelijk. Je moet eerst op zoek naar de melodie. Dat is een aan elkaar geregen draad van muzieknoten. De mooiste melodieën kun je vinden in Italië. Daar is opera ontstaan. Zoek daar een mooie sopraan. Dat is de hoogste vrouwenstem die bestaat. Luister naar haar melodie en breng die mee terug in dit flesje. Mocht het je lukken, dan krijg je de tweede opdracht.

Giacomo pakte het flesje aan en ging vrolijk en enthousiast op stap. Mevrouw Factotum had hem echt goed geholpen.

GIACOMO:
Dus dit is Italië! Mooi land, zeg! Ben benieuwd waar ik die sopraan kan vinden...

Meneer? Weet u misschien waar de sopraan woont met de mooiste melodie?

De meneer die Giacomo aansprak, was de pastoor van een mooie kerk. Hij wist inderdaad waar de sopraan woonde. Hij was heel trots op deze stadsgenote. Zij zong zo mooi dat het leek alsof de noten die ze zong parels waren, aan een prachtige ketting geregen. In de stad hadden ze aan die manier van zingen een speciale naam gegeven: belcanto.

NORMA:
Casta diva, casta diva...

GIACOMO:
Wat is dit prachtig! Maar hoe moet ik die melodie nou meenemen?

Giacomo was zo ontroerd door de prachtige melodie die Norma zong dat hij tranen over zijn wangen voelde lopen. Terwijl hij een traan wegveegde, kwam hij ineens op een idee.

GIACOMO:
Als ik mijn tranen nou opvang in het flesje, dan kan ik dat meenemen als bewijs van deze melodie. Yes! Dan heb ik voldaan aan mijn eerste opdracht. Gauw naar mevrouw Factotum voor de tweede opdracht.

Toen Giacomo terugliep naar Sevilla merkte hij dat hij tijdens het lopen steeds meer ging neuriën. De prachtige melodie leek wel een inspiratiebron voor een nieuwe melodie. Bij mevrouw Factotum gaf hij haar trots het flesje met zijn tranen.

GIACOMO:
Alstublieft! Hier is het flesje. Wat nu?

MEVROUW FACTOTUM:
Wat ben jij snel! Goed, de basis onder een melodie is de harmonie. Harmonie bestaat uit blokken klank die de melodie kunnen ondersteunen. Er bestaat een land waar heel bijzondere harmonieën te vinden zijn, het Rijnland. Let wel goed op. Sommige harmonieën maakt mensen gek of razend en leidt ze naar hun ongeluk. Toch kun je geen melodie hebben zonder harmonie. Het schijnt dat er in het Rijnland een spookslot staat waar drie geesten rondzweven. Zij staan bekend om hun grote akkoorden. Ze kunnen jou vast helpen.

GIACOMO:
Dan ga ik meteen op weg naar dat Rijnland. Ben razend benieuwd. Daaag!

Giacomo liep na een paar uur wandelen door een prachtig heuvelachtig landschap. De kleuren waren mooi groen en blauw, maar het leek of er een grijze voile van tranen overheen hing. In de verte doemde naast de rivier een groot rond gebouw op met een grote engel op het dak. Giacomo kreeg een beetje de kriebels, maar liep toch moedig door. Op een gegeven ogenblik hoorde hij een lied over de drie vrouwen.

TOSCA:
Wat een leed, wat een verdriet. Wij zweven hier rond en zingen ons lied. Elk een verleden. Ach wat een droefenis is het hier toch. Elektra's vader is dood. En Ellen Orford getuigde tegen haar eigen Peter. Zij moesten van hen scheiden. Dit zijn onze zwarte tijden. En ik moest verduren, dat Mario werd gemarteld. Mijn liefste schilder is helaas niet meer. Al lange tijden moeten wij hier nu lijden. Het is zo vrees'lijk, wie kan ons hier uit komen bevrijden. O God, wie helpt ons toch? Waarom, waarom helpt u ons nooit? Oooo god, waarom helpt u ons nooit? Waarom!

GIACOMO:
Wat is dit een droevig verhaal. Wel zijn het supergave klanken. Verschrikkelijk maar toch ook prachtig! Ik kan eigenlijk niet goed kiezen...

Giacomo dacht even na en kreeg toen een idee. Hij pakte zijn kistje en zijn notenboekje tevoorschijn.

GIACOMO:
Kan ik jullie niet helpen? Ik heb hier een kistje waarin jullie je harmonieën kwijt kunnen. In ruil daarvoor kan ik jullie een rustig, vrolijk en mooi stuk muziek teruggeven. Ik heb van de prima donna dit boekje gekregen. Daar stond volgens mij iets moois in...

Giacomo opende het boekje. De drie geesten hoorden de vrolijke mars uit de *Notenkrakersuite* van Tsjaikovsky.

TOSCA:
Lieve jongeman, we hebben nog nooit zo'n lief voorstel gekregen. Niemand durfde tegen ons te praten. We zullen jou onze akkoorden geven die geschreven staan op deze perkamenten rollen in ruil voor deze troostende muziek. We hebben ook nog een vierde rol perkament. Die ligt al twintig jaar verborgen in deze burcht. Er staat een gruwelijk verhaal in. Kun jij hem teruggeven aan de rechtmatige eigenaar?

GIACOMO:
Hè, jesses, weer zo'n zielig verhaal over een zangduo dat uit elkaar is gehaald door een sluw plan van ene Jannie Doetal... Nog nooit van gehoord. Ik zal het in Sevilla navragen.

Ondertussen zat de haarstyliste mevrouw Factotum in haar winkel in Sevilla. Ze lachte hardop.

MEVROUW FACTOTUM:
Hahahaha! Straks als die jonge sukkel terugkomt met het kistje zal ik hem de laatste opdracht geven. Hahahaha. Ik kan hem dan eindelijk wegsturen, zonder dat hij iets in de gaten heeft. Ik stuur hem naar het vreselijkste oord waaruit niemand wegkomt. Dan kan de prima donna fluiten naar haar nieuwe zangvriendje, net zoals vroeger toen ik haar eerste primo uomo al heb laten verbannen door mijn gemene, leugenachtige brieven, hahahahahahaa.

GIACOMO:
Joehoe, mevrouw Factotum! Ik heb de prachtige harmonieën gevonden.

MEVROUW FACTOTUM:
Goed zo, knul. Wat ben je vlot en snel. Ik merk dat je talent voor muziek hebt. Dan moet de laatste zoektocht een fluitje van een cent voor je zijn.

GIACOMO:
Zeg me maar wat ik moet doen.

MEVROUW FACTOTUM:
De laatste opdracht is het vinden van een mooie tekst. Een goede opera-aria heeft een mooie, poëtische tekst. Daarmee vertellen goede zangers de mooiste verhalen. De beste teksten zijn te vinden in het Nibelungenland. Daar zul je Walküren en Nibelungen vinden. Zij helpen je verder. Het enige wat je moet doen is de teksten onthouden. Fluitje van een cent.

In het Nibelungenland hoorde Giacomo een ontzettend hard geschreeuw uit de verte.

BRÜNNHILDE:
Hojotoho, hojotoho, heijaha, heija ha...

NIBELUNGEN:
Weia, waga, woge du welle, walle zur wiege...

GIACOMO:
Wat zijn dat voor dikke vrouwen? En wat zingen ze hard!

Giacomo hield zijn handen voor zijn oren en probeerde de teksten te herhalen om ze te onthouden: Walle, weige, hojahalle, woo... Giacomo luisterde en luisterde, maar hij snapte er helemaal niets van. Dit kon toch niet goed zijn?

GIACOMO:
Ik kan er helemaal niets van onthouden. Ik word helemaal dizzy. Wat is dit vreselijk, al dat gegil. Ik word helemaal gek.

Giacomo viel flauw en kwam niet meer bij in die hysterische omgeving.

Een paar dagen later in Sevilla...

MEVROUW FACTOTUM:
Hahahaha, Giacomo is nu al drie dagen weg. Dat is de lengte van tijd om nooit meer weg te kunnen komen uit dat gilparadijs met die rare gekke teksten. Ja, behalve als je in het bezit bent van de beroemde Rijnring, hahahahahaha! En die heeft nooit iemand meer gevonden na het vertrek van de primo uomo met zijn familie, hahahahahaha! Ik heb weer gewonnen, hahahahaha!

Oom Lucca, die helemaal in het begin van het verhaal de deur per ongeluk open had laten staan, zat eenzaam in zijn grijze huis. Hij miste zijn neef Giacomo en was nog droeviger dan anders. Hij hield enorm veel van Giacomo en had hem nooit zijn grote geheim durven vertellen. Hoe kon hij het hem ooit verteld hebben. Hij was immers al twintig jaar geleden met zijn familie verbannen met achterlating van zijn grote geliefde, met wie hij had willen trouwen. Met wie hij zijn toekomst helemaal voor zich zag. Hij begreep nog steeds niet hoe het kon. Hoe kon ze aan een brief zijn gekomen waarin stond dat hij met een ander had gezoend? Wie had deze ellendige brief gestuurd? Alles was hij toen verloren!

In Nibelungenland werd Giacomo weer wakker na een urenlange slaap. Om zijn vinger gloeide de ring van zijn moeder. Hij keek om zich heen. Hoe was hij weggekomen uit dat vreemde land? Hij snapte er niks van. Hij stond moeizaam op en ging teleurgesteld op weg naar huis. Hij had zijn opdracht niet kunnen vervullen, geen enkele tekst kunnen onthouden. Nu zou hij nooit primo uomo kunnen worden. Halverwege zijn tocht zag Giacomo in de verte iemand aan komen lopen.

GIACOMO:
Oom Lucca!

LUCCA:
Giacomo, neef! Waar was je? Ik heb je dagenlang gezocht.

GIACOMO:
O, oom Lucca, ik moet zoveel vertellen! U had de deur per ongeluk open laten staan en toen hoorde ik de prima donna op het kasteel. Ik vond het zo prachtig! Ik wil niets liever dan de nieuwe primo uomo worden. Ik ben op zoek gegaan naar mijn eigen stem. Mevrouw Factotum was heel behulpzaam. Maar de laatste opdracht heb ik helaas niet kunnen volbrengen... Oom Lucca, wat is er?

LUCCA:
Kom mee! Dit had ik al veel eerder moeten doen.

Aangekomen in het sombere huis haalde oom Lucca uit de lade van de eenvoudige eettafel een boekje en gaf het aan Giacomo. Het boekje zag er heel mooi uit en was heel bijzonder versierd, met krullen op het voorblad. Op de voorkant stond: LIBRETTO DAL PRIMO UOMO.

GIACOMO:
Wat is dit?

LUCCA:
Dit is mijn mooiste tekst.

GIACOMO:
Maar... Bedoelt u, dat...

LUCCA:
Ja, lieve Giacomo. Ik was vroeger de primo uomo op kasteel Marmarèl. De prima donna was mijn grote liefde.

Lucca begon te zingen op droevige muziek van Puccini.

LUCCA:
De mooie prima donna, Ik was haar man, onafscheidelijk, altijd samen zingend... en ontzettend gelukkig. Maar toen gebeurde er iets wat ik nog nooit voor mogelijk had gehouden: er kwam een brief. Zodat ik mooi de schuld kreeg van zoenen met een ander. De prima donna geloofde mij niet, ik werd verbannen... en zo is het gekomen dat ik niet meer durfde te dromen. Ik heb altijd het vermoeden gehad dat Factotum achter die gemene brief zat, maar ik heb nooit enig bewijs gevonden.

Giacomo pakte de perkamentrol uit zijn zak.

GIACOMO:
Misschien heeft u hier dan wat aan.

BOODSCHAPPER:
Er is vandaag een wonder geschied. Vanaf vandaag heeft ons prachtige kasteel Marmarèl een nieuwe primo uomo. Komt allen naar het kasteelplein om 12 uur. Daar kunt u getuige zijn van het wonderschone lied van deze geweldenaar. Koningin Clara zal haar nieuwe protegé begeleiden. Komt allen!

KONINGIN CLARA:
Lieve prima donna, wees nou niet zo nerveus! Dit is het moment waar je al jaren op wacht.

PRIMA DONNA:
Ja, maar, wat nou als die jongen... (Ze slaakt een hoge noot.) Lucca?

LUCCA:
Lieve nachtegaal, hier heb ik het bewijs dat ik je nooit of te nimmer heb bedrogen.

GIACOMO:
Uwe majesteit, hier is een perkament waarin het bedrog van mevrouw Factotum alias Jannie Doetal staat opgetekend.

Koningin Clara las het perkament.

KONINGIN CLARA:
Dit is inderdaad het bewijs dat mevrouw Factotum jullie heeft besodemieterd. Sla haar in de boeien en sluit haar voor de rest van haar leven op in de donkerste kerker van het kasteel!

MEVROUW FACTOTUM:
Nee, hoe komen jullie daaraan? Dat had ik toch goed verstopt? Wat zijn jullie allemaal vreselijk! Ik haat jullie allemaal, aaaah!

KONINGIN CLARA:
Zo, daar zijn we van af. Ze kon ook al niet goed knippen. Dan verklaar ik nu, bij koninklijk besluit, dat mijn oude prima donna met haar eigen Lucca mag gaan rentenieren. Jullie krijgen een mooi appartement in Casa Verdi. Dan kunnen jullie daar samen oud worden.

KONINGIN CLARA:
En dan stel ik u nu Giacomo voor.

De koningin nam plaats achter haar gouden vleugel en begon een prachtige harmonie te spelen. Giacomo zong de tekst die hij van oom Lucca had geërfd. Hij deed dat met zoveel overgave, muzikaliteit, melodie, harmonie, maar vooral met liefde dat hij na het zingen meteen werd uitgeroepen tot nieuwe primo uomo van het kasteel. De prima donna en zijn oom konden na twintig jaar eindelijk weer samen zingen. Alles was weer goed gekomen op kasteel Marmarèl. Zij leefden allemaal nog lang en gelukkig.

Jan Zonder Vrees

Door de kinderopera *Het lied van Giacomo* werd ik twee jaar later gevraagd om een nieuwe gelegenheidsvoorstelling te maken. De stadsorganist Geert Bierling van Rotterdam organiseerde jaarlijks Rotterdamse orgeldagen, een festival waarin alle orgels in de stad bespeeld werden door een keur aan organisten. In het jaar 2013 was het thema 'Antwerpen'. Een aantal Vlaamse musici werden uitgenodigd en Geert wilde eenmalig in de Laurenskerk een familieopera ten gehore brengen, gebaseerd op de Vlaamse stripboeken cultuur. Dan moet je denken aan *Suske en Wiske*, *Kuifje* en *De Rode Ridder*. Omdat ik al eerder concerten met Geert had gedaan belde hij me op of ik iets kon betekenen.

Ik had fijn samengewerkt met mijn broertje Tim aan *Het lied van Giacomo*, dus ik ging meteen naar hem toe om te brainstormen over een nieuwe stripopera. Tim is beeldend kunstenaar. Hij heeft een heus diploma van de Koninklijke Academie van Beeldende Kunsten op zak. Van kleins af aan tekende en schilderde hij al. Zijn grote fascinatie ligt bij de wereldgeschiedenis en hij weet ontzettend veel van strips en cartoons. Alle strips die je maar zou willen lezen kun je bij Tim thuis in de boekenkast vinden.

Toen ik hem voorlegde om een nieuwe voorstelling te maken gebaseerd op een soort *Suske en Wiske*-achtige strip barstte Tim direct los. We konden niks gebruiken van *Suske en Wiske*, omdat daar enorm strenge rechten op gelden. Willy Vandersteen en zijn familie beschermen zijn tekeningen en verhalen ontzettend goed. Het leek Tim daarom een goed idee om eigen stripfiguren te verzinnen op een echt Antwerps oud geschiedenisverhaal.

We zouden ongeveer hetzelfde recept volgen als bij *Het lied van Giacomo*. Alleen schreef Tim de dialogen en ik zou teksten maken op aria's van bestaande opera's. Tim wilde het onderwerp van de opera maken op een jeugdboek uit 1910 van de Vlaamse schrijver Constant de Kinder: *De wonderlijke lotgevallen van Jan Zonder Vrees*. Deze figuur spreekt in Vlaanderen zeer tot de verbeelding. Willy Vandersteen baseerde Jerommeke uit *Suske en Wiske* losjes op deze Jan Zonder Vrees.

We noemden onze nieuwe voorstelling *Het gorgelende orgel*.

Het verhaal van Jan Zonder Vrees

Jan Zonder Vrees kent geen angst en is bereid iedereen die in nood zit te helpen. In Tims versie komt Jan een hertogin te hulp die door struikrovers wordt overvallen.

De hertogin heeft een hofdame met de naam Alwina. Zij is de mooiste vrouw van Antwerpen; Jan valt als een blok voor haar. De hertogin heeft alleen eerst nog een opdracht voor Jan: hij moet een moerasmonster verslaan dat woont in de buurt van de Schelde. Dit monster heeft de naam Kludde. Daarna mag hij pas met Alwina trouwen.

Wanneer Jan onderweg is naar het moeras gaan de hertogin en Alwina even een frietje eten bij een frietkot. Daar ontmoeten ze een andere kerel die een baron blijkt te zijn met de naam Van Moerzeke, een arrogante kwal die ook zijn oog laat vallen op Alwina. Maar Alwina wijst hem af. Ze houdt van Jan Zonder Vrees.

Baron Van Moerzeke verzint een list om van Jan af te komen. Hij wil koste wat kost Alwina hebben. Hij ontvoert haar en neemt haar mee naar zijn kasteel. De hertogin probeert de boze baron nog tegen te houden, maar dat mislukt jammerlijk.

Ondertussen heeft Jan het monster Kludde niet kunnen vinden en komt onverrichterzake terug. Hij ziet een wanhopige hertogin die hem vertelt wat er met Alwina is gebeurd.

Dat laat Jan niet over zijn kant gaan; hij gaat naar het kasteel van de baron. De baron heeft hierop gewacht. Hij wil Alwina alleen opgeven door middel van een groot zwaardgevecht. Jan wint dit gevecht glansrijk en neemt Alwina mee. De baron druipt woedend af.

Terwijl de hertogin, Jan en Alwina feestvieren op deze overwinning, komt ineens het monster Kludde aangestormd. Jan raakt weer in gevecht en Alwina valt flauw van angst en opwinding. Jan wint opnieuw en ziet dat Kludde helemaal geen echt monster is, het is baron Van Moerzeke met een gruwelijk masker op zijn hoofd.

Nu is het afgelopen met de baron. Hij wordt eindelijk naar de gevangenis gebracht. Alwina komt weer bij en de geliefden kunnen eindelijk met elkaar trouwen. Maar niet voordat de hertogin, Jan, tot haar eigen ridder heeft geslagen.

Voor deze opera nodigde ik twee collega's uit met wie ik al heel vaak samen had gezongen bij Opera Zuid en Opera Spanga: de bariton Marcel van Dieren mocht de rol van Jan spelen en Klara Uleman zou zich ontfermen over de bloedmooie Alwina. Klara is al sinds mijn debuut bij Opera Zuid een van mijn beste vriendinnen. Samen hebben we in maar liefst zeven producties gezongen, en we hebben altijd de grootste lol. De rol van de hertogin was voor mij en Tim wilde graag de boef baron Van Moerzeke voor zijn rekening nemen.

Nu konden we allemaal mooie aria's, duetten en kwartetten zingen. Omdat dit stuk onderdeel was van de Rotterdamse Orgeldagen werden we begeleid door zeven organisten die alle orgels in de Laurenskerk bespeelden.

De scènes speelden we steeds op een ander plekje in de grote kerk en het publiek zou met ons meelopen. Ik had ook een groot scherm laten ophangen waarop de scènes te zien waren als een stripverhaal. Dit had Tim allemaal fantastisch getekend. Ik had verzonnen dat we precies dezelfde kostuums zouden dragen als de stripfiguren, en om het nog wat komischer te maken en te laten corresponderen met wat je op het scherm kon zien, droegen wij alle vier ons stripfigurengezicht op een houten bord om ons nek. Tim had de stripfiguren gemodelleerd naar onszelf.

Dit zijn de tekeningen die Tim had gemaakt, geïnspireerd op de tekenstijl van Willy Vandersteen.

Marcel van Dieren als Jan

Klara Uleman als Alwina

Tim van Broekhuizen als de baron

Francis van Broekhuizen als de hertogin

We deden maar één uitvoering tijdens het festival. Ik had mezelf opgeworpen als regisseur van het geheel. Dat had ik nog nooit gedaan. Maar ik denk vaak als Pippi Langkous, die schijnt te hebben gezegd: 'Ik heb het nog nooit gedaan, dus ik denk dat ik het wel kan!'

We repeteerden een aantal dagen bij mij thuis. We hadden vreselijk veel lol, vooral om de zwaardgevechtscènes tussen Marcel en Tim. Ik had plastic zwaarden en schilden gekocht bij de speelgoedwinkel. En de jongens werden in hun spel ineens weer acht jaar oud. Ze gingen vreselijk tekeer. Klara en ik reageerden ontzet vanaf de zijkant. We kregen de hele tijd de slappe lach, maar uiteindelijk konden we onszelf goed houden. Wij speelden natuurlijk de jonkvrouwen in nood. Omdat de voorstelling bedoeld was voor kinderen konden we helemaal ons gang gaan en alles volkomen *over the top* spelen.

De dag van de uitvoering was heel spannend. Ik had maar een paar uur om de prachtige Laurenskerk uit te lichten, onszelf goed te plaatsen en onze scènes goed in de ruimte neer te zetten. Daarnaast moest ik de zeven organisten ook duidelijk zien te maken waar hun inzetten zaten en wanneer ze weer moesten stoppen met spelen. Ik weet niet of je organisten kent, maar dat zijn wonderlijke musici die vreselijk eigenwijs kunnen zijn. Na twee uur heel streng tegen hen te praten en soms mijn stem te verheffen, had ik iedereen waar ik ze wilde hebben.

De voorstelling begon, en doordat het al donkerder werd in de kerk was het gekleurde licht heel sfeervol. De kerk was goed vol en het publiek liep inderdaad met ons mee. We speelden en zongen alsof ons leven ervan afhing. Het zwaardgevecht van Tim en Marcel was uitzonderlijk goed en ontzettend grappig. Het publiek kreeg ook de slappe lach. We eindigden met ons vieren onder het grote orgel bij de ingang van de kerk en zongen ons slotkwartet. Daar stonden Tim en ik met rode konen, trots dat we dit samen hadden gemaakt en dat het uiteindelijk vorm had gekregen in onze eigen unieke stripopera.

Coda

Nu heb ik alles opgeschreven wat ik wilde vertellen over mijn grote liefde opera. Ik vond het heerlijk om alles weer eens op te zoeken en uit te pluizen. Wat dat betreft leek het een beetje op de voorbereiding die ik maakte voor mijn podcasts over operacomponisten voor het radioprogramma *De ochtend van vier*.

Tijdens het schrijven op mijn zoldertje had ik altijd operamuziek op staan, en naast het schrijven studeerde ik en passant mijn 41ste operarol in.

Dat is het leuke aan mijn vak. Ik blijf altijd nieuwe dingen ontdekken. Ik mag mooie rollen vertolken. Heerlijke verhalen vertellen. Ik mag met gekke, leuke, moeilijke, flamboyante musici werken. En ik mag voor jullie, mijn geliefde publiek, optreden met datgene wat ik het allerliefste doe: zingen, zingen en nog eens zingen!

Dank voor je aandacht bij het lezen van dit boek. Misschien zet het je aan eens een mooie opera te bezoeken. Als je dat mocht doen, wens ik je veel genoegen en plezier.

Begrippen in de opera

Op mijn manier uitgelegd.

ARIA
Een stuk muziek gecomponeerd voor een solostem, met instrumentale begeleiding. In een aria horen we vaak de gevoelens van het personage, dat reageert op wat ervoor is gebeurd in het verhaal, of wat nog moet gaan komen in de opera. Aria betekent letterlijk: 'lucht'.

ALT
De laagste vrouwenstem.

ATONAAL
Er is muziek waarin we geen makkelijke toegankelijke melodieën horen – waarin geen 'tonaliteit' zit. Deze muziek is ontstaan aan het begin van de twintigste eeuw. Componisten als Arnold Schönberg en Alban Berg ontwikkelden deze moderne muziekstijl.

BALLET
Een groep dansers die het verhaal vertellen door te dansen op begeleidende muziek. Ook met kostuums en decor.

BARITON
Een mannenstem die in het midden van het bereik ligt, dus tussen de tenor en de bas in.

BAROK
Periode in de muziekgeschiedenis grofweg van 1600 tot 1750. Deze stijl kenmerkt zich door enorm veel versieringen. Vooral in de achttiende eeuw werd heel virtuoze muziek voornamelijk gezongen door castraten. De bekendste operacomponist uit deze periode is Georg Friedrich Händel.

BAS
De laagste mannenstem.

BATON
Het stokje van de dirigent waarmee hij de maat slaat voor het orkest.

BELCANTO
Een zangstijl van de vroege achttiende eeuw waarin de nadruk ligt op de schoonheid en virtuositeit van de stem. Er is een belangrijke voorwaarde: de schoonheid en versieringen moeten uitdrukking aan de tekst geven. Componisten die bekend zijn van deze operastijl zijn: Bellini, Donizetti, Rossini, Spontini en de vroege Verdi.

BRAVO
Dit roept het publiek als de zanger, of zangers geweldig hebben gezongen en gespeeld.

CABALETTA
In het belcanto bestaat een aria uit meerdere onderdelen: het recitatief, de cavatina en de cabaletta. Het recitatief is inleidend, de cavatina is een langzaam, melodieus deel en de cabaletta is het slotstuk met heel veel vocaal vuurwerk.

CADENS
Is in een aria een geïmproviseerd deel waarin de zanger zijn of haar virtuositeit kan laten zien.

CAMERATA
Florentijnen die rond 1580 begonnen te praten en denken over het reconstrueren van het Griekse drama. Zo creëerden ze het toen nieuwe genre opera.

CANTILENA
Een lyrische melodie voor de zangstem.

CASTRAAT
Van de zestiende tot de achttiende eeuw werden jongens met een mooie jongenssopraan gecastreerd om zo de hoge stem te behouden. Doordat ze wel volwassen werden, kregen ze een krachtige sopraanstem met een volle mannelijke borststem. Deze stemmen waren heel exotisch voor het publiek, omdat je een man zag, maar een vrouwenstem hoorde. Een beroemde castraat uit de achttiende eeuw was Farinelli.

CLAQUE
Als je als zanger of gezelschap graag succes wilde boeken, kon je mensen inhuren die werden betaald om te klappen aan het eind van de uitvoering.

COLORATUURSOPRAAN
Een hoge sopraan met heel veel flexibiliteit in de stem. Deze sopranen kunnen heel makkelijk snelle loopjes en moeilijke versieringen zingen. Onze eigen beroemdste coloratuursopraan is natuurlijk Cristina Deutekom.

COULISSEN
De ongeziene zijtonelen aan beide kanten van het podium. Vaak hangen daar verschillende gordijnen waarvanuit je kunt opkomen en weer afgaan als artiest.

COUNTERTENOR
Een mannelijke zanger die voornamelijk in zijn kopstem zingt. Hij heeft meestal de ligging van een vrouwelijke alt, maar er bestaan ook hoger zingende countertenoren. Die worden ook wel sopranisten genoemd.

DIVA
De letterlijke betekenis van het woord is 'godin'. Vaak worden beroemde vrouwelijke operasterren zo genoemd. Maria Callas werd zelfs 'La Divina' genoemd. Zij gold als de goddelijkste van alle diva's.

DRAMATISCHE SOPRAAN
Een sopraan met een zeer krachtige stem en een heel goede lage borststem. Zij moet ook goed acteren, omdat haar rollen vaak erg tragisch en heftig zijn. Bekende dramatische rollen zijn: Tosca, Elektra, Turandot, Madama Butterfly en Brünnhilde.

DYNAMIEK
Dit zijn de verschillen in de sterkte waarmee muziek wordt gespeeld. Dus hoe hard en zacht er mag worden gespeeld.

ENSEMBLESTUK
Een muziekstuk voor meer dan één zanger. Dus een duet, een trio, een kwartet, een kwintet en een sextet.

ENTRE'ACTE
Een instrumentaal stuk muziek tussen de aktes van een opera door.

FALSET
Is het gebruik van de kopstem door mannelijke zangers.

FINALE
Het laatste stuk van een akte in de opera. Deze finale heeft vaak verschillende contrasterende onderdelen. Vaak komen het koor en de solisten samen te zingen.

FORTISSIMO
De dynamische term voor luid spelen en zingen.

GESAMTKUNSTWERK
Wagner was de bedenker van het Gesamtkunstwerk. Hij zag opera als een universele kunstvorm waarin de componist ook de creator van alle andere elementen was. Zo bedacht Wagner zelf de teksten en de muziek. Hij bepaalde hoe het er op het toneel uit moest zien en zelfs hoe het publiek de uitvoering moest gaan beleven. In Wagners theater in Bayreuth werd het donker in het auditorium. Voor het eerst ging het orkest de bak in onder het toneel. De mensen moesten totaal meegesleept worden door het verhaal en de muziek.

GRAND OPERA
Een spektakelstuk. Het is een volledig doorgecomponeerd serieus werk. Vaak met vijf aktes, groot koor en een orkest. Ontstaan in Frankrijk.

HARMONIE
Deze term komt uit het Grieks en betekent letterlijk 'samenvoeging'. In de muziek wil het zeggen dat de noten gelijktijdig klinken in akkoorden. Het is de 'verticale structuur' van de muziek. Met verschillende instrumenten en klanken probeert de componist zo mooi mogelijk muziek te schrijven.

HELDENTENOR
De mannelijke versie van de dramatische sopraan. De tenor moet

een krachtige stem hebben om de 'helden' te portretteren die in opera's voorkomen. Heel vaak zijn dat rollen in Wagner-opera's en daarom gebruiken we deze Duitse benaming.

IMPRESSIONISME

Deze stroming wordt in de muziek vooral vertegenwoordigd door de componist Debussy. Hij schrijft atmosferische muziek die niet zozeer direct is, maar juist heel symbolisch en veel meer suggereert dan uitlegt. Zijn beroemde opera *Pelléas et Mélisande* is het perfecte voorbeeld.

LEGATO

In de muziek betekent deze term 'gebonden'. In zang wil het zeggen dat je de gezongen tonen zo soepel en glad mogelijk in elkaar laat overgaan. Legato is de absolute basis van een goede zangstijl.

LEITMOTIV

Een muzikaal thema dat steeds wordt herhaald om een figuur of onderwerp aan te duiden. Wagner heeft deze manier van componeren verfijnd. Zijn opera *Der Ring des Nibelungen* staat er bol van om alle personages en voorwerpen aan te duiden. Zo wordt het voor het publiek toch mogelijk om het verhaal in deze twintig uur durende opera te blijven volgen.

LIBRETTO

Het boek dat de tekst van de opera bevat.

LYRISCHE SOPRAAN

Een sopraan met een zeer melodische, fijne stem die jonge, tragische rollen zingt. Vaak gaan lyrische sopranen in de opera dood aan tbc. Denk aan Mimi in *La Bohème* en Violetta in *La Traviata*.

MAESTRO
Zo wordt de dirigent genoemd door zijn spelende en zingende musici.

MARKEREN
Dit doet een zanger tijdens de repetities van een opera om de stem te sparen. Opera is topsport als je voluit zingt. Als een repetitie een dag duurt, is het dus niet verstandig om de hele dag alles te geven. Markeren doe je door de partij een octaaf lager te zingen of het volume wat terug te schroeven.

MELISMA
Een groep tonen die op één lettergreep wordt gezongen.

MELODIE
De opeenvolging van noten. Dit is de 'horizontale structuur' van de muziek.

MEZZOSOPRAAN
Een vrouwenstem tussen de alt en de sopraan. Vaak heeft een mezzo een warm geluid en zingt ze de rol van sexy vrouwen met veel schwung zoals Carmen. Of ze treedt op als jongeling en is verkleed als man. Voorbeelden hiervan zijn Cherubino in *Le nozze di Figaro* of Octavian in *Der Rosenkavalier*.

MUZIEKDRAMA
Een ander woord voor opera.

OPERA BUFFA
Een opera met een vrolijk, komisch verhaal. Hier gaat niet gauw iemand in dood.

OPERETTE
Een lichtere versie van opera, bedoeld als entertainment, met humor, dans en gesproken dialogen.

OPUS
Een compositie. De letterlijke vertaling is 'werk'. Het nummer geeft de chronologische volgorde van de composities weer.

ORKESTBAK
Een verlaagde bak half onder het toneel waarin het orkest zich bevindt tijdens het begeleiden van een opera of ballet.

ORKESTRATIE
Het arrangement voor het gehele orkest om de opera te kunnen begeleiden.

OUVERTURE
De muzikale opening van een opera, ballet of concertstuk.

PARLANDO
Een muzikale aanwijzing om de geschreven muziek niet te zingen, maar een soort van te zeggen op de muziek. Dit geeft soms een bijzonder effect in een totaal doorgezongen opera.

PARTITUUR
Is het gehele muzikale stuk in boekvorm met alle instrumenten en zangpartijen speciaal gemaakt voor de dirigent.

PASTICCIO
Een opera-achtige medley met verschillende muzikale thema's aan elkaar geplakt. Van het Italiaanse woord voor 'pudding'.

PIANISSIMO
Dynamische aanduiding om alle muziek heel zacht te spelen en/of te zingen.

PORTAMENTO
Als een zanger van de ene noot naar de andere noot zingt en 'glijdt' tussen alle tussenliggende noten, draagt hij of zij de toon naar de volgende toon toe. *Portare* is het Italiaanse woord voor 'brengen' of 'dragen'.

PRELUDE
Een muziekstuk dat als begin van een akte van een opera kan fungeren.

PREMIÈRE
De eerste avond waarop de opera, toneelstuk, ballet, musical wordt uitgevoerd. Voor de uitvoerenden is dat een heel spannend moment, omdat het publiek dan voor het eerst ziet waaraan al die maanden is gewerkt.

PRIMA DONNA
Betekent letterlijk: 'eerste vrouw'. In de opera verwijst deze term naar de vrouwelijke hoofdrol.

RECITATIEF
Een vocale melodie die het spreken moet nabootsen. In het recitatief wordt ook vaak de handeling van dat moment geïllustreerd. Recitatieven geven de loop van het verhaal weer.

REGISTER
In de menselijke operastem bestaan er twee registers en een paar overgangen. Het modale register (de spreekstem) en het falsetregister (de kopstem). Mannen zingen voornamelijk in het mo-

dale register en soms in falset. Vrouwen zingen voornamelijk in kopstem met soms een uitstap naar de spreekstem. Dat wordt ook wel het borstregister genoemd. In de registers zijn ook overgangen te vinden, omdat het strottenhoofd kantelt als je steeds hoger zingt. Deze registerovergangen probeer je met een goede techniek zo soepel mogelijk te laten verlopen, zodat je een egale klank kunt voortbrengen. Hier studeer je je hele leven op, en dat blijf je bijhouden.

ROMANTIEK
De belangrijkste muziekstijl in de negentiende eeuw. Romantiek is een reactie op de Verlichting en onderzoekt vooral het gevoel en het eeuwige verlangen. De strakke muzikale vormen van weleer worden steeds meer losgelaten. Musici zoeken alle grenzen van melodie en harmonie op om zo het ultieme gevoel van alle verschillende emoties weer te geven.

SITZPROBE
De eerste muzikale repetitie van de solisten met het orkest.

SOPRAAN
De hoogste vrouwenstem.

SOTTO VOCE
Als je als zanger tijdens een uitvoering heel ingetogen zingt.

SOUBRETTE
Een heel hoge sopraan die een komisch karakter heeft of luchtigheid in het drama brengt.

SPINTO
Hetzelfde als een dramatische stem, maar dan specifiek voor Italiaanse opera's.

STEMBANDEN
De twee witte spiertjes in je strottenhoofd waardoor we kunnen spreken en zingen. Door lucht uit te ademen, trillen de stembanden en zo brengen we geluid voort. Het meest wonderlijke en mooiste muziekinstrument is de menselijke stem. Zo denk ik er tenminste over!

TENOR
De hoogste mannenstem.

TESSITUUR
Het algemene bereik van een geschreven zangpartij. Hieraan kan de zanger zien of de rol geschikt is voor de eigen stem.

TREMOLO
Een te groot vibrato waarmee je kan horen dat de stem niet onder controle is.

TRILLER
Een versiering die wordt gemaakt door twee naast elkaar klinkende tonen heel snel te wisselen.

VERISMO
Een Italiaanse operastijl waar ik helemaal dol op ben. Deze opera's zijn geschreven in de tweede helft van de negentiende eeuw en begin twintigste eeuw door componisten als Mascagni, Puccini, Cilea, Ponchielli en Leoncavallo. De verhalen zijn 'waarheidsgetrouw' en vertellen over gewone mensen met hun eigen grote drama's en tragedies.

VIBRATO
Het golven van de natuurlijke stem die de emotie in zich draagt en bijdraagt aan de schoonheid van de stem.

Bibliografie

When the Fat Lady Sings (Opera History As It Ought To Be Taught) – Barber, David W., 1990

Histoire des castrats – Patrick Barbier, 1989

Opera Anecdotes – Ethan Mordden, 1985

The New Book of Opera Anecdotes – Ethan Mordden, 2020

Collins Opera and Operetta – Michael White and Elaine Henderson, 1997

Bluff Your Way in Opera – Peter Gammond, 1989

Great Operatic Disasters – Hugh Vickers, 1979

The Art of Auditioning – Anthony Legge, 2001

Diva – Joost Galema, 2006

Opera, What's All the Screaming About? – Roger Englander, 1983

Secret Lives of Great Composers – Elisabeth Lunday, 2009

Wagner Without Fear – William Berger, 1998

Verdi With a Vengeance – William Berger, 2000

Puccini Without Excuses – William Berger, 2005

Wil je meer schandalig mooie opera?

Scan dan via Spotify deze code en luister
naar de bijbehorende afspeellijst.